教育的本质是自醒

湿水彩

要先把纸弄湿，用海绵擦成半干，然后用颜料来绘画，最后把画上架晾干。画湿水彩时，颜色随机渗透，孩子体会色彩的流动和融合。与干水彩不同的是，湿水彩绘画没有明确的边界，不会产生明显的线条，这给了孩子更多的自己想象的空间。

画湿水彩，体验色彩的流动

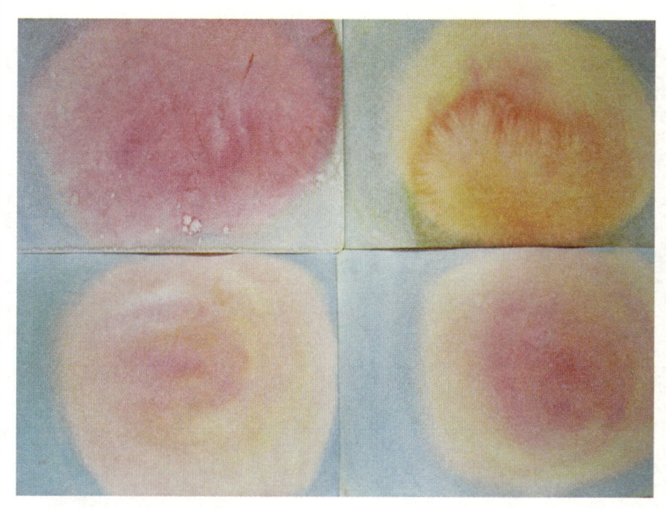

一年级湿水彩画

二年级湿水彩画

三年级湿水彩画

四年级湿水彩画

四五年级的孩子用单色来表现深浅的画法，颇有难度

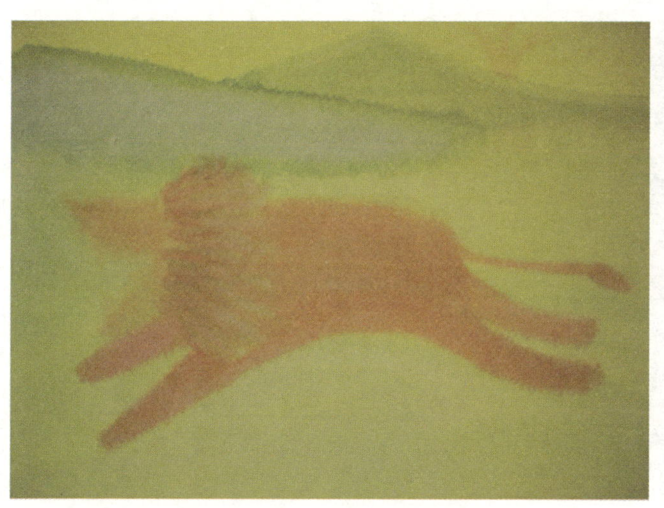

四五年级的孩子在纸上混色，有远近、光线、空间感的概念

五年级湿水彩，有远近、光影、空间感的概念

六年级湿水彩剪影的画法

形线画

形线画和绘画不一样，形线画是感受形线。孩子气质不同，感受不同，画的形线也就不同。画形线画的时候，孩子们用到了触觉、视觉、平衡感、运动感，还有其他。比如画圆，从里往外画和从外往里画就不同，从左往右和从右往左也不一样。

比如螺旋，中心点很重要。螺旋是一个很古老的形状，古代的人在地上、石头上刻，以亲近大地。有些孩子，从中心开始画，他们很自我，需要和谐的方式与外界沟通。

再比如，画到转折时，孩子会停下来想想方向。这就是一种用艺术的方式轻柔而缓慢地唤醒意识的方法。

一年级形线画

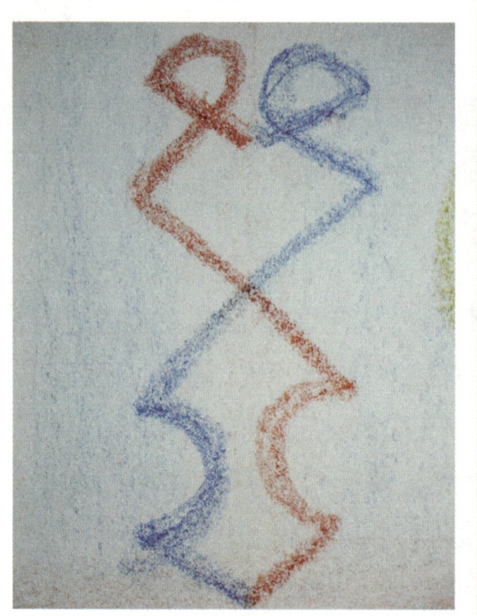

二年级形线画

三年级形线画

四年级的形线画，有立体的空间感

四年级形线画

五年级徒手几何与素描结合，展现内在的空间感

五年级形线画与数学几何学的结合（1）

五年级形线画与数学几何学的结合（2）

六年级形线画与数学几何学的结合

七年级形线画的图案设计

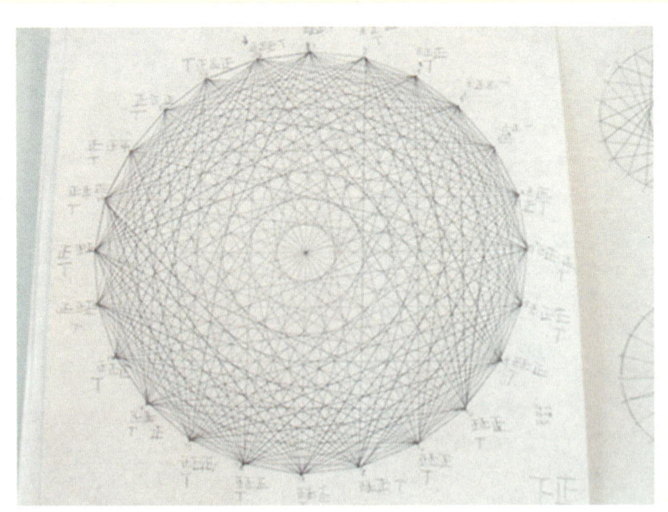

八年级，包含形线画与数学的球体

蜂蜡塑形

蜜蜡原本很硬，孩子温暖的小手紧握一会儿，再用指尖揉一揉，蜜蜡吸收了皮肤散发的热量后，就变软了，再揉一揉，会释放出蜡香，并变得柔软、透明。此时，孩子开始发挥想象力，把蜂蜡捏成蜗牛、小鸟等各式各样的造型。这让孩子进入了创造的境界。所以说，蜂蜡对孩子意志力有影响，而当孩子慎重地制作小小作品时，同时也学会了对待物品的态度及对小东西的敬畏与爱心。

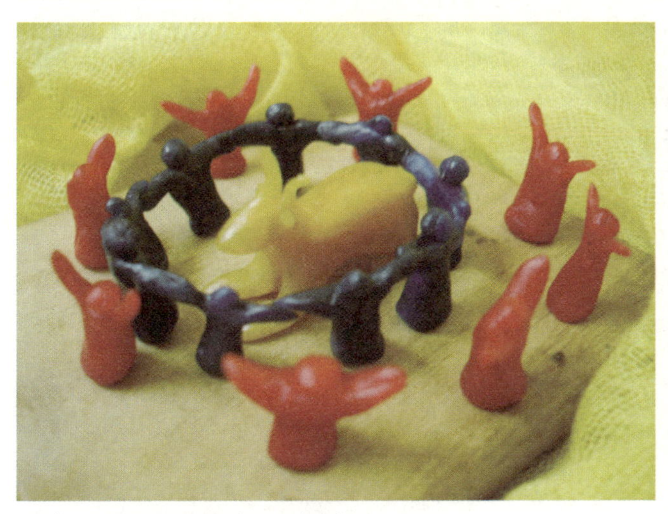

低年级孩子用蜂蜜蜡塑形

四年级的孩子用蜂蜜蜡做非洲动物，每一个约一公分大小，展现出孩子手指的灵活与精细度

泥塑

用自己的双手，进行艺术创作，全心全意体会真正的快乐。泥塑，让孩子们为自己的创作欲望找到了一个非常好的表达形式。艺术创造的过程，浑身会感觉放松、平静、和谐，感觉一切都在自己的掌握之中。孩子们实际上在开始学习用他们的双手来思考，动手的能力，是一种身体的智能。使得他们在接触一种材料时，能让这种材料沿着美的方向做出反应。

泥塑课

泥塑，四年级的孩子对动物有具象的认识

泥塑与数学几何的结合

高年级孩子的泥塑动物

用泥塑的作品来建筑池塘

木工

做木工时，锯木板很不容易，有时锯子会走偏，会卡住。孩子们在这个过程中，学会了掌握工具、平衡用力，通过运用肢体，孩子们训练肢体的灵巧性，同时在做的过程中训练感受和意志。并且，这个过程可以让孩子在无形中学会数学几何。

木工作品——杓（勺）子

高年级的木工课

木工作品——动物

自制课本

华德福小学的一个特色。把听到的故事诗歌等内容用绘画的方式记录下来，是非常好的一种自主学习的方式。这种艺术化学习方式，帮助孩子内化知识，也使学习变得更有趣。

台语诗

一年级语文课本
（自己做的课本）

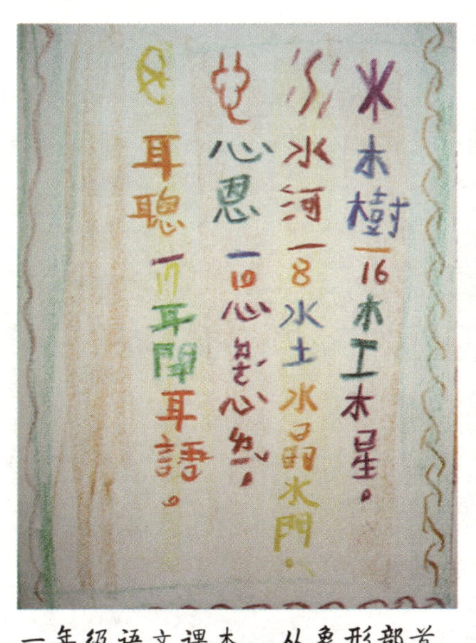

一年级语文课本，从象形部首开始

自己写的日语课本

五年级蕨类植物研究

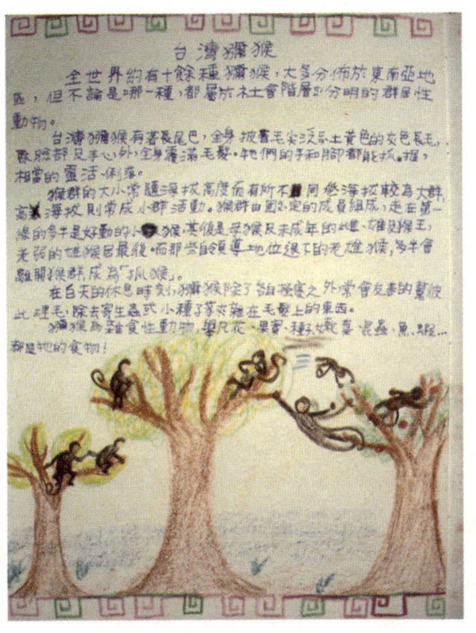

五年级学生自己做的动物课本

五年级学生自己做的地理课本

病是教养出来的 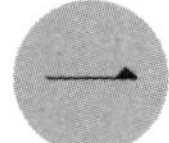

孩子的四种气质

许姿妙 著

海豚出版社
DOLPHIN BOOKS
CIPG 中国国际出版集团

图书在版编目（CIP）数据

病是教养出来的：全2册 / 许姿妙著. — 北京：
海豚出版社, 2014.6
ISBN 978-7-5110-2066-6
Ⅰ. ①病… Ⅱ. ①许… Ⅲ. ①家庭教育 Ⅳ. ①G78
中国版本图书馆CIP数据核字(2014)第097533号

病是教养出来的（一、二）
作　　者：许姿妙
责任编辑：董锋 朱敬利
策　　划：郭骅 姚嫒
封面图及设计：张燕妮
装帧设计：仝玲
特约编辑：严雪
出　　版：海豚出版社
网　　址：http://www.dolphin-books.com.cn
地　　址：北京市百万庄大街24号
邮　　编：100037
电　　话：010-68997480（销售）010-68998879（总编室）
传　　真：010-68994018
印　　刷：北京市华审彩色印刷厂
经　　销：新华书店及各网络书店
开　　本：889 × 1194 毫米 1/32
印　　张：12.25
字　　数：260（千）
版　　次：2014年6月第1版　2016年11月第4次印刷
书　　号：ISBN 978-7-5110-2066-6
客服信箱：mycaterpillar@126.com
定　　价：59.00元（全两册）

目录

写在本书之前

光鲜亮丽背后的“不治之症”

「健康的教育环境造就身心健全的孩子。
扭曲的教养模式，会让孩子一辈子身心受苦。」

L家四个兄弟姐妹，出身北部教育世家。爸爸是某教育局的督学，妈妈也是教育界人士，四个孩子目前在社会上都拥有人人称羡的工作。

大姐不到三十岁已经是留美的大学教授，大哥也是留法的大学教授，排行老三的妹妹是中学老师，最小的弟弟也拥有一家升学补习班。左右街坊谈起这一家人，无不赞叹L家两老教育有方，足为邻里的典范。

然而，在光鲜亮丽的背后，这一家四个孩子其实都有着不足为外人道的“不治之症”。大姐二十多岁的时候罹患卵巢肿瘤，当时虽然经过手术和化疗，但是直到现在仍必须年年定期追踪。大哥有肝硬化，饮食起居都要时时留心，还有小时罹患过的气喘，偶尔还会不定期发作。妹妹从小罹患自体免疫失调疾病，身弱的她多次进出医院，中西医都对她的病症感到棘手。小弟自大学时候开始病发原因不明的脊椎病，必须长年服药止痛，严重影响日常活动。

这四个孩子的病，虽然都没有立即的生命威胁，但是迁延多年，也都没有根治的办法，尤其以现在的主流医学来看，都属于不能医好的“不治之症”。

初次接触这一家人，得知四个孩子的病，让我感到十分不解。因为以这样的家庭出身，他们所接受的生活和医疗照顾，应该都在一般水平之上，为什么还会在年纪轻轻的时候就发生这么严重的病症。而且四个人发病部位分散各处，当中也看不出有遗传因素，这又更令人不解了。

及至我深入了解了他们的成长过程，才终于恍然大悟……

不能消解的负面能量转而攻击自己的身体，
助长细胞不正常分裂形成肿瘤

大姐天生外向活泼，从小就踊跃参加各种课外活动，但是因为爸妈坚持教育传统，只能认同“唯有读书高”的唯一价值，所以从她升上国中以后，就断然

砍掉她的所有课外活动，每天只有上学和补习。又加上她是第一个孩子，必须成为弟妹的榜样，因此爸妈勤加督促她的学业表现，丝毫不敢松懈。

手巧的她原本喜欢画画、做手工，又爱唱歌，还成天和同学凑在一起吱吱喳喳，如今一下子不能适应这样封闭的日子，和父母有过无数次抗争，天天哭得一把鼻涕一把眼泪。她对课业不是很积极，爸爸只好亲自坐镇在她的书桌前，早也盯晚也盯，总算把她送上北一女中。当时的她总是不断拉扯自己头发，把头顶拔出一个秃洞，还不时啃咬自己的指关节，十根手指关节都被咬得又红又肿。

往后的高中生活，她也是在父母的不断鞭策下才总算完成学业，考上大学。结果就在二十多岁罹患卵巢癌。

癌症的发生，从心理层面来说，常常来自病人的内在冲突。对这位大姐而言，想做而不能做，不想做却被逼着做，这样的冲突被强势的父母所压抑，无法向外宣泄出来，这股不能消解的负面能量转而攻击自己的身体，成为助长细胞不正常分裂的能量，这就是肿瘤形成的原因之一。

压抑自己不对外界做出反应，导致内脏的“硬化”病变

【北一女中】台北市立第一女子高级中学，位于台湾省台北市中正区，是全台北最著名的高中女校。

大哥是家中长子，从一出生就背负着父母的殷殷期盼。他从小就有气喘的毛病，常常半夜喘起来就必须紧急送医。爸妈为了治疗他的病，费尽心血，总算在他“转大人”之前，把气喘治好。

和大姐相反，大哥安静内向，也没有太多的个人主张，是所谓典型的“乖宝宝”。求学过程中，他始终本分，总是捧着漂亮的成绩单回家，虽然没有突出的兴趣或专长表现，不过他的“聪明好学，成绩优秀”，已经让父母师长都无可挑剔。

对于这样的宝贝儿子，父母视为莫大骄傲，更是把光宗耀祖的所有希望都寄托在他身上，不惜倾尽所有也要栽培儿子到欧洲留学。对于儿子的内向、不善应对，父母视为“读书人的真性情”，为了保护这个“不食人间烟火”的儿子，更是对他的大小事都样样代劳，就连儿子上了大学以后交女朋友，后来选择婚姻伴侣，他们都强力介入。结果原本就不多言的儿子更不愿向家人交代自己的生活，平日对二老避之唯恐不及。

闷不吭气的孩子其实有着自己的主见。从小看着姐姐不断为了课业成绩和父母冲突，自己虽然置身事外，内心早就对父母的高压和专擅态度不以为然。他感受到家中缺乏温暖，父母又对他绑手绑脚，所以早早打定主意要出去过一个人的自在生活。远走欧洲多年并非偶然，而是早在他的策划之中。

中医说“郁怒伤肝”，他一直压抑自己对父母愤怒、不满的情绪，导致他的肝细胞硬化。“硬化”是不反应、不表达情绪的结果，特性之一是“没有反应”。他训练自己对这个家的一切不做反应，因为长年压抑自己应有的情绪反应，结果伤了肝。

家中动辄得咎的“出气筒”，因恐惧的情绪而伤害肾气

也许是对前两个孩子投入过多，到了老三，父母已经有些“力不从心”。这个女孩似乎是个“爹不疼娘不爱”的孩子，不但父母的关爱较少，还常常成为大人的出气筒。她虽然从小就意识到自己在家中的“地位”，所以很贴心而努力地帮忙家务、照顾弟弟，但“多做多错”，动辄得咎。

认份而早熟的她很自动自发，从生活细节到功课都不劳烦大人操心，唯独健康状况不是她自己可以做主的。国小的一次盲肠炎手术之后，健康就每下愈况，然后发现罹患了自体免疫功能失调疾病，身体的免疫系统会攻击自己的肾脏，造成肾脏长年发炎出血。中学三年级的时候又因为严重的肠胃病，一半的上课时数都无法出席。

自觉在家中孤立无助的孩子，常因为莫须有的事遭责难，只要兄弟姐妹吵架，她就是第一个被怪罪的

【国小】小学。

对象，让小小心灵经常处在恐惧之中。中医学说“恐伤肾”，害怕的情绪会削弱一个人的肾气（肾的能量），造成她至今还是因肾脏功能不良而代谢失常，引发身体水肿不消，经年累月的腰酸背痛。

一再被否定的学习生涯，重创背脊的健康

最小的弟弟向来是最让二老头痛的孩子。他非常活泼，喜爱运动，又热爱音乐。但是和大姐一样，这些兴趣都不能见容于升学主义的主流价值，所以强势的父母又比照“教育”大姐的模式，逼着他放弃所有的课外活动。可是小弟是一只关不住的自由鸟，中学三年的日子在亲子不断的碰撞中两败俱伤，小弟成了四个孩子当中唯一没有考上第一志愿的“异类”，父母也认为这是自己的一大“挫败”，让他们在亲友之间抬不起头。

没想到接下来的日子更是荒腔走板。小弟想要念五专，爸妈却坚持他的人生只有“上大学”一途可走，还说“读个专科算什么”！结果小弟连考了四年大学，最后才好不容易考上一所私立学校。也就是说，他一共用了黄金少年的六年时间，埋首高中课程。这其中还有三年时间，过的是重考生暗无天日的生活。这三年对他是个一再被否定的痛苦烙印，他的

【五专】五年制专科学校。

父母也视为是自己的“奇耻大辱”，家中的高压气氛可想而知。

上大学没有多久，小弟就发作背痛，还曾经数度痛到昏倒，严重的时候，必须靠身强力壮的同学背上背下。

小弟目前虽然在补教界做得有声有色，但是他艺术的天分在被硬生生打压了十多年之后，依然在体内不断呐喊，到现在还是难以走出情绪上的困扰。

回想他十多岁时，正是一个人的自我人格形成之际，父母的意志让他的自我发展受到压抑，这就种下了日后背痛不愈的恶因，而这也是很多正在国中发育时期的孩子会驼背的主因。

这样一对出身教育界的父母，谈到教育，他们都是专家。他们强硬坚持，督促子女拥有了高学历和令人羡慕的工作，却都带着一身病痛，让人不禁要问：成功教育的终极目标真的就是高学历、高地位、高所得吗？被视为教育典范，这些成果背后必须付出这么高的代价，是否值得？如果一切可以重来，这一家人还会坚持同样的教育模式，坚持他们的人生选择吗？是否能有什么更好的教育理念和方法可以改写这样的结局，让他们的人生更为健康圆满呢？

【国中】初中。

前言

「错误的教育危害思想、扭曲性格，
乃至引发肉体的病痛；
正确的教育为一辈子的健康扎根！」

为什么病不会好

一位罹患干癣的二十六岁年轻小姐前来求治。她罹患干癣已经十年，期间也遍访省内皮肤科，始终不能根治。她的病情其实不严重，之所以久久不愈的原因，根据我的分析，实在是因为病人每天都熬夜。我告诉病人，干癣是一种免疫性疾病，夜间晚睡会造成免疫功能失调，病是不可能好的。这位病人很有心要调整自己的作息，从此每到夜间十一点就上床等周公，可是无论她如何努力就是睡不着，非得苦熬到凌晨三点以后，甚至东方的天空都出现鱼肚白了，她的意识才会逐渐朦胧。

我认为睡不着兹事体大，要帮她治病必须先从“安眠”着手，于是开了安神助眠的中药让她服用。一个月、两个月过去，病人仍然抱怨夜间辗转反侧，好似在热锅里“煎鱼”。这种情况发生在年轻人身上并不寻常。因为年轻人只要感觉累了，一倒头就应该呼呼睡去。看来，我必须从病人的心理层面寻找失眠原因。

我问病人，至亲长辈之中，是否有人对她特别严厉，让她深感害怕？这位年轻小姐很笃定地说“没有”，可是父母在她小时候天天吵架。争执的导火线，起因于妈妈是活泼外向的人，喜欢找朋友玩，可是爸爸个性保守内向，希望自己的另一半乖乖待在家里。偏偏妈妈不能忍受呆板无趣的家庭生活，所以两人成天吵架，嘴巴吵不够，还要上演全武行，拿刀互砍。她说，每次父母吵架，她都躲在门后面偷偷的看，不敢去睡觉，就怕父母发生意外，自己一觉醒来人事全非。久而久之，她竟然不知道该如何睡觉了。后来她的父母虽然离了婚，可是“不知该如何睡觉”的阴影却已经深烙在潜意识中，让她过着无眠的夜。

当一个难缠之症几经治疗都不见效的时候，我们已经不能单纯着眼于肉体的现象。身为一名医生，应该要认知到：每一个疾病的发生都是在表达一种需要，借着疾病的发生促使病人获得某一种能力，以便病人将来可以自由地使用这一能力。所以说，疾病是老天爷给予我们的个别课。

以这位年轻的干癣病人为例，她的干癣究竟要表达什么需要呢？原来，她需要的是“温暖”与“爱”，可是她十年来所接受的治疗，却都是反复地涂抹类固醇药物，这种“不对症”的治疗，当然无助于疾病痊愈。

生病具有重大的意义

从中医的角度来看，干癣是一种“血瘀症”，也就是血液循环不良的病症。年纪轻轻的人何以出现“血瘀”呢？就如病人自己所回忆的童年生活，她每天处在父母打闹不休的恐怖暴力气氛下，紧张害怕会让人全身收缩、肌肉紧绷，经年累月的情绪压力爆发于外在的，就是皮肤病变。这样的病变，说明她需要父母的爱、家庭的温暖。

然而，她的父母不会解读她身体释放的讯息，只能带她看皮肤科；而医生也忽略了病人身体所传达的真正讯息，所以只会不断开出“标准用药”。我后来建议这位年轻小姐找合适的心理咨询师进行治疗。当她学会给自己爱与温暖之后，也同时决定要为自己做一点事情，展开大刀阔斧的改变。她开始积极的运动，睡眠状况也逐渐改善，就在恢复正常睡眠的那个月，她的干癣痊愈了。

行医多年以后，我强烈体会到：身为一名医生，治疗病人的第一条规则，就是“尽你的所能，让病人从这一疾病当中得到利益而痊愈”。毕竟疾病的唯一意义和目的，就是要让人再度变得健康，而且是身心灵的全面健康。

疾病能让人产生新的意识，同时获得更强大的力量。如果生病的人无法从疾病中获得这些“利益”，那就是白白受苦了。

把家庭、学校与医疗的关系，从一条直线变成铁三角

把这样的信念扩及到教育，身为老师、家长、医生的人，就应该用正确的方法支持孩子。这也是为什么我，一位中医师，今天要来谈教育和健康的关系。

我的工作是协助病人恢复健康，自然会希望所有找我治疗的人能把病都治好，完全康复。但是实务上，许多病人不是单纯用“辨证论治”的医学方法就可以治疗的。这些人身上究竟发生了什么事？为什么常规的治疗对别人有效，对他们却无效？

我实在太好奇了，经年累月的探索之后，我发现医生其实是在承接病人早年受到大人不恰当对待的恶果。这些不恰当的对待和教育，在病人的物质身体上表现出来。

我们都是有了孩子以后，才学习当父母的，所以尽管都是“为了孩子好”，却难免犯错，给予孩子不适当的对待和教养。等到孩子上学以后，在独尊智育学习的价值观之下，孩子的情绪和心理需求都容易被忽视，于是这些内在的问题逐渐反映到身体，以病痛的方式表现出来。这时候，就轮到治疗病痛的医生出场了。这便是家庭→学校→医疗，所呈现的直线关系。

身心是一体的两面，可是当孩子身体有了病痛的时候，又有多少家长、老师和医生关注到孩子的心理层面？大家并没有把“身”与“心”连结在一起，仍旧习惯性地将它们分开对待，所以孩子的一些心理问题迟迟得不到解决，并在物质身体上逐渐形成更顽固的疾病。等到这个时候，医生即使动用再好的药物，也很难治好他们的病了。

我个人以为，家长、老师和医生这一条直线关系，应该要改变成三角关系，而且要形成稳固的“铁三角”。也就是当孩子出现问题的时候，无论是问题行为或是肉体病痛，它们的原因都是密切相关的，需要“铁三角”的共同会诊。

很多人原来是可以不生病的，
他们的病其实是从小被教养出来的

我每天在诊间看到太多受病痛折磨的人，看了

几十年的病以后，我逐渐领悟到很多人原来是可以不生病的，他们的病其实是从小被不当教养出来的。特别是像忧郁症这一类的情绪障碍疾病，及情绪障碍引发的肉体症状，往往是病人从小受到大人不适当的对待，情绪长期受挫，因而发展出了心理和肉体的疾病。

最普遍可见的，就是大人把自己对现实的不满投射在孩子身上，把全副的期待寄托于孩子的未来，如此焦虑的父母用种种自以为对孩子最好的教育，教养出身心都伤痕累累的孩子。这些伤害可能反映在孩子的过敏性疾病、过动、欺负与被欺负、性早熟，乃至长大之后的心血管疾病、肿瘤、器官病变、人格异常、动辄轻生、神经系统提前退化等等问题上。

在协助病人对抗疾病的过程中，我才深深体会何谓“菩萨畏因，凡人畏果”。我们凡人都只看到受病痛之累的可怕，却傻傻地种着恶因而不知后患无穷。如果父母能够从一开始就种对好的“因”，孩子便不必受恶果的拖磨了。

因为这样的感慨，我开始寻求教育与健康的正确连结。我将会在本书援引诸多中医学临床病例，与发源自奥地利的人智学（Anthroposophy），互相对照说明，用来解释教育与疾病的因果关系。更重要的是，根据人智哲学发展而来的华德福教育（Waldorf Education）体系，能够从源头提出正本之道，让为人父母者提前避免可能的错误和不幸。

华德福教育的驻校医师

华德福教育体系的每一所学校，都有一名驻校医师。他们的工作可不只是照顾升旗典礼上晕倒的孩子，或是在女学生痛经时给颗止痛药而已。华德福的驻校医师必须对人类毕生的身心发展过程有全面性的了解，并且可以和家长、老师共同协谈孩子的偏差行为和健康问题，以便孩子在成长过程中能健全发展。

笔者个人除了目前的诊所工作之外，也身兼台中华德福大地实验中小学，以及丰乐幼儿园的驻校医生，协助家长及老师了解：每一个孩子的问题行为背后都有其健康意义，每一个疾病都代表一种需要。

这样的驻校医师制度，在一般的大型学校是几乎无法实现的，然而华德福教育坚持要让孩子的身心灵从小就获得均衡而健康的发展。

我们的国民义务教育里有一门“健康与教育”课。大家或许觉得这几个字简直刻板到极点，很少深思过健康与教育的深重意义。没错！教育才是健康扎根的基础。错误的教养所造成的健康伤害，很难事后补救。父母正确的教养方法，才是孩子毕生健全的人格与体魄发展的起点。父母若是明白“健康与教育”的正确因果，相信医院就不会人满为患，医生也不必天天为补救错误教育的恶果而徒呼负负了！

导读一

你这样教孩子吗？

「 错误的教育比不去教育害人更深。
孩子的许多疾病是被教养出来的！」

我有个罹患强迫症的小病患，被一种不明的力量驱使，每天不停洗手，虽然明知不该再洗了，但她就是没有办法克制洗手的冲动，最后逼得父母不得不带她去看心理医生。

孩子的妈妈对医生大吐苦水说："我们家再正常不过，为什么会养出强迫症的孩子呢？"

父母看自己的教育，认为没有瑕疵，可是在外人看来，其实老早在孩子小时候，父母就为她埋下了患病的隐患。还记得这对父母从孩子小时候就不断教育她，外面的公共场所细菌太多，所以碰门把之前，一定要先用卫生纸包裹住门把。他们住宿在饭店，必须自备毛巾和浴巾，用毛巾包住枕头，浴巾则垫在身体和被褥之间，“隔绝”细菌。

在这样戒慎恐惧“防堵外界细菌”的教育下，小孩的强迫症只是“青出于蓝”的必然结果。孩子的病，父母绝对难辞其咎，但是他们显然都不自觉教育出了问题。

还有个四十岁的男性忧郁症病患，长年深受情绪问题困扰，最近八年来，每天都要吞服十五颗安眠药才能入睡。病患是爷爷奶奶带大的孩子，六岁前在乡下过着自由自在的开心日子，七岁以后才回到大城市与父母同住。

他的妈妈是做事一板一眼、个性认真严肃的小学老师。这个原本个性不受拘束的小男孩，回到父母家以后成天被严谨的妈妈挑剔，他感觉自己无论怎么努力也达不到妈妈的要求。妈妈则为这个“不受教”的孩子气得七窍生烟，处罚的手段也愈来愈变本加厉，就是希望他能心生警惕，不要再小过不断。

他这辈子最没齿难忘的一次处罚，是在小学时候。当时他就读妈妈带的班级，尽管妈妈对他总是疾言厉色，小男生还是难改调皮本性，一时恶作剧，掀了班上女同学的裙子。

这种行径看在身为导师的妈妈眼中，简直不可原谅。妈妈立即处罚他，要他当着全班同学的面脱下自己的裤子，这个令他丧尽颜面的处分深深刺伤了他的心灵。如今回想起来，他才知道自己其实早在高中的时候就已经罹患忧郁症。

从他上学的第一天开始，妈妈就不断要求他在学业上追求最好的表现，将来考上台湾最高学府。无奈事与愿违，他后来考上中部一所历史悠久的私立大学，这让他感到羞耻难当，至今依旧认为自己非常“见笑”，也辜负了妈妈的期望。

就是这样不断自我否定的成长经验，让这位已到不惑之年的大男人始终纠缠在情绪的困境中无法自拔。

所以说，教育和健康有着绝对的因果关系。教育的目的，应该是使人的生理、心理更健康，因此教育要以健康为导向。说得更危言耸听一点，错误的教育比不去教育害人更深。错误的教育会危害思想、扭曲性格，乃至引发肉体的病痛。

不当的教育会造成心理失衡，一旦失去健康，再多的金钱，再高的学识都无用武之地。

亲爱的父母，你们希望自己的孩子将来过着什么样的生活呢？是在事业上很有成就，但是带着一身的病痛？还是身体很健康，心情很愉快，但或许事业上没有所谓“显赫的丰功伟业”呢？如果你们希望孩子将来能同时拥有健康快乐与成功，那么你们真的有必要了解“华德福教育”。

导读二

请问教育的目的是什么？

「 教育的目的是

使孩子意志、情感、思考三者健全而均衡的发展。」

自然界里充满了植物、矿物、动物与人类。我们都知道自己和植物、矿物大不相同，但是我们和动物的区别就不是那么明白了。

人之所以与“畜牲”有别，最基本的差异还是在于“畜牲”的“动物本能”比人类强。“畜牲”与生俱来地知道如何找寻食物、该怎么交配、生病了要吃些什么，它们早早就能离开父母身边，独立自主地过活。人类的婴儿却什么都不会，必须经过长年的学习，才能够自立而活命。

所以说，教育最原始的目的，就是使人学会“活命”，而且是“健康地活下去”。因为没有健康，就会成为被淘汰的高危险群，连立足之地都没有。

想要“健康地活下去”，体魄强健是最基本的条件。但是体魄不可能空有躯壳而独活，因为人有灵性，有精神层面的需求，“有体无魂”是谈不上健康的，所以我们还必须照顾到心灵与精神的层面。

也就是说，教育的目的在于使人“健康地活下去”；要想“健康地活下去”，就要同时兼顾“身心灵”三方面的健康。

如果有两个选项，让你二选一，你会选择孩子健康快乐，但社会成就普普通通？还是社会成就显赫，但多病忧愁呢？

十之八九的父母应该都宁愿要孩子健健康康，而不计较外在的社会条件吧！

再倒回孩子的学生时代，同样给你二选一的选项，你是要孩子课业表现突出，可是个儿小长不大，成天闹病痛？还是健康活泼、发育良好，但是功课表现普普通通呢？

绝大多数的父母应该宁可要孩子健康快乐，至于学业成绩就不多计较了吧！

理论上是这么说，然而回到现实生活中，一旦你有了孩子，孩子又到了入学的年龄，事情恐怕就不是这么简单了。

你会成天担心：我的孩子书读得不怎么样，在学校会不会失去竞争力？他这个样子，将来出社会，能打败众多的竞争者，挣一口饭养活自己吗？这样的担忧往往会使父母的价值观开始产生偏差，并用错误的方法对待孩子。

有个刚从大学法律系毕业的女孩，为了治疗荨麻疹，已经服用过许多类固醇及抗组织胺，因为病情仍然反复发作，所以改而向中医求助。我要求病人食用排毒餐，内容是三餐都吃糙米饭，搭配青蔬水果，连续执行一星期。陪在一旁看诊的女孩妈妈一听，立刻反应激烈地说："这怎么可能？她又不会煮饭，一个人住在外面，哪有糙米饭吃？"我建议她买一个电饭锅，自己煮糙米饭，其他配菜可以在外面买现成的，这么一来就能轻松解决问题了。

女孩的妈妈仍然坚持："不行啦，她从小就只会读书，不会做家事。而且她现在正在补习，准备考书记官，每天都很忙。考完书记官，接着又要考托福，到美国留学，我还计划让她到美国读双硕士呢！"

她连珠炮似的讲了一长串，我却是满头雾水，有听却没有懂。

我问这位妈妈："孩子都要出国留学了，为什么还考书记官呢？"

妈妈说："唉，我就是怕她拿到硕士学位以后找不到工作，所以要先留后路，把书记官考起来放好，万一将来工作没有着落，至少还有个书记官做。"

我又问："那为什么一定要双硕士，不念一个博士呢？”

妈妈得意地说：“这你就不知道了。博士只有一项专长，双硕士就有两项专长，将来找工作，专长愈多机会愈多呀！”

听完妈妈的话，我摇头叹息。这孩子从小到大功课那么优秀，可是生活能力却很低，除了读书，什么都不会，连用电饭锅煮一锅饭都有困难。妈妈担心她毕业后找不到工作，所以专长要读两种，可是读了两种还是不安心，又得考一个备用的职位。也就是说，读书读到后来，可能还是会找不到工作，养不活自己，那么，只会读书根本没有用嘛！

这样的教育，制造了多少百无一用的书生，这是社会之福吗？是父母之福吗？甚至是这些书生之福吗？

导读三

台湾的父母，你们为什么焦虑？

「在各行业中具有竞争力的强者，
其共通点无不是思考力、意志力与情感三者兼备。」

如果问现在的台湾父母最担心孩子什么？我想，绝大多数的父母应该都害怕孩子在竞争激烈的社会中成为弱势的被淘汰者，所以人人都希望孩子是“有竞争力的强者”。

为了让孩子具备足够的竞争力，太多父母早早给孩子全副武装，好不让他们在学业上输给别人。

过度强调知识的学习是出人头地的唯一指标，虽然造就了许多读书的能人、学业成绩的佼佼者，但是谁又能保证孩子拥有金饭碗或铁饭碗，将来一定高枕无忧，不会被社会所淘汰？

现在有多少高社经地位的大学教师，面临少子化以后的工作不保；还有多少归国博士，年复一年地投递履历，就是遍寻不着工作。曾经是人人称羡的律师、医生等行业，现在的收入和地位也大不如前，同样要为招揽客户和病人伤透脑筋。

这样的结果是不是和很多父母当初规划的美好蓝图相差十万八千里呢？在十倍速变化的时代，我们眼前为子女精心铺陈的人生，设定的未来康庄大道，或许五年、十年后，就经不起环境的丕变而全变了调。

所以，会读书、学业成绩好，未必就能成为“有竞争力的强者”，而拥有高社经地位，如果不具备健全的人格特质，也不保证不会被社会所淘汰。

那么，父母究竟该怎么办才好呢？

和天下父母一样，这个问题在我的脑子里千回百转，直到接触人智医学，又综合我在中医学上的临床应用心得，终于逐渐了悟了真正的答案——为人父母者所要的，其实是教养出思考力、意志力与情感三者健全且均衡发展的孩子。

思考能力发达、意志力坚强，但缺乏情感的人，因为过度理智，会成为没有柔软心的冷血动物；正如同现在台湾的教育，使孩子的生命与地球的其他生命体缺乏连结，没有让他们体会到人世间值得留恋的美好经验，所以自杀事件频传，年轻人轻视自己的生命，说走就走，毫不留恋。而意志力薄弱的人，纵使有高人一等的头脑，但经不起挫折，终究会一事无成。

“行行出状元”，各行各业的状元都是在竞争中脱颖而出的佼佼者。他们不管是做黑手、摆摊子，还是从事艺术或科学工作，都有显而易见的共通点，就是思考力、意志力与情感三者兼备。

同样是卖牛肉面，有人卖到倒店，也有人门庭若市，连锁店一家接着一家开张。不要以为煮面就不用脑筋，要做出一碗“冠军牛肉面”，必须结合一再突破瓶颈的专业技巧（思考能力）、对质量的坚持（坚强的意志力），并且倾注全副的热情（丰富的情感）。

做了十多年的日本长青节目“电视冠军”，在台湾也拥有广大的观众群，我们在节目中见识到这些冠军如何在专业上发光发热。赢到最后的胜利者，都得通过严酷的思考力、意志力与情感的考验，方能脱颖而出。每次在电视机前跟着参赛者一同煎熬，最后又陪着他们一起欢呼，如同洗了一次三温暖，如此惊心动魄的竞争过程，其实正在启发我们何谓“有竞争力的强者”。

【黑　手】从事机械工作双手会弄得脏兮兮的，如修理汽机车。

【三温暖】桑拿。

第一章

孩子准备好了吗？

——生理发展与脑部发育都有其内定的时间表

人体生理发展的时间表

提前学习，是在摧毁孩子的神经系统

提前用脑力，迫使小女孩性早熟

没有安全感的孩子，在学习能力上居于劣势

学习压力如何伤害幼儿的脑

人生的第一个七年（0~7岁），

培养孩子坚定的意志力

人生的第二个七年（7~14岁），

养成孩子丰富的情感

人生的第三个七年（14~21岁），

发展成熟思考及良好的判断力

孩子准备好了吗?

——生理发展与脑部发育都有其内定的时间表

大家应该都玩过投接球游戏吧！一颗球被抛来抛去，你投我接，你传我接，这样的游戏要玩得好，就要设法让球不落地；要让球不落地，彼此必须有默契，选定对方有所准备的时候出手。

当对方眼睛直视着你、身体面向着你、摆好阵势、摩拳擦掌，所有的肢体讯息都在告诉你“我准备好了”的时候，你才会将球投出去，因为这样最能够让你们“接个正着”。

趁人不备，一球投出，这是在“搅局”“恶搞”，游戏玩不成，还让人很扫兴。

教育孩子的道理，也像是玩投接球游戏，必须得等孩子“准备好了”，才能出手。否则，即使你有一整座宝山，投出去也只怕会把孩子砸得鼻青脸肿，根本无福消受。

学习讲求时机，大人不能一厢情愿，要给就给。给错时间乱乱教，将摧毁孩子的神经系统，溃散他的自信心，造成孩子一辈子挥之不去的身心伤害。

你知道孩子准备好了没有吗？你知道什么时候该给孩子投出什么球吗？

这些问题的答案，中医学的老祖先早在几千年前就告诉我们了，而华德福教育则给了我们更扎实的方法与实践依据。即孩子独立成为完整而成熟的个体，需要二十一年时间，期间经历每七年一个阶段。循序而进，可以达到最佳的教育效果。

人体生理发展的时间表

我在本书中阐述的教育观，全部是从我的本行中医学出发，同时融合西方的医学与教育理念，尤其是奥地利哲学家鲁道夫•史代纳（Rudolf Steiner）博士提出的“人智学”而成。

初次接触人智学，我啧啧拍案，简直不敢相信一位西方学者所提出的教育概念，竟然能与中医学有这么多不谋而合之处。史代纳博士是一位高瞻远瞩的教育哲学家，他完成这一套哲学理论的最大目的，是要呼吁西方人切莫过度物质化。

西方自从工业大革命以后，思想便强烈倾向物质化，衍生出凡事讲求实证的科学观，一切都要“眼见为凭”。相对之下，东方对“无形世界”就保有更多的想象和容许的空间，并且肯定精神世界的存在。史代纳博士想要唤起西方世界重新认知“灵性世界”，明白宇宙不是只有物质而已。日后又以人智哲学为基础，发展出华德福教育（Waldorf Education）、人智医学等。

人智学和中医学都以七年为一周期区分人的发育成熟阶段。而经由史代纳博士的研究区分，可以明白学习是有其时间表，以及最佳时机的，这一点对教育者而言非常重要。父母如果不懂得循序渐进的道理，孩子就要遭殃了。常听一些父母抱怨孩子说，“都几岁了，为什么连这点小事都不会”，好像孩子一生下来就该这也会那也懂。

正如我们都是成了孩子的父母，才开始学习如何当称职的父母。在扮演父母这一角色上，我们是跟着孩子一起学习成长的。孩子独立成为完整而成熟的个体，需要二十一年的时间，期间历经每七年一个阶段的蜕变。大人如果不知道什么时候该给孩子什么，孩子就会陷入身心混乱的状态。

人智医学划分的人体生理发展阶段

- 0~7岁发展神经感觉系统。此时使用图像式思考，所以太早学写字是没有用处的。
- 7~14岁发展节奏系统（心肺系统）。
- 14~21岁发展代谢系统和骨骼四肢系统。（孔子说“吾十有五而志于学”，正可与此相呼应，说明15岁时进入思考式的学习。）
- 21~35岁之间，正值生理最强壮的巅峰期，却同时也是承担事业和家庭压力最大的时期。由于心力消耗大，所以最容易罹患身心症（自律神经失调）。（孔子说“三十而立”，亦即人到30岁，顶天立地，知道自己的责任，并全力以赴。）
- 40岁以后，身体机能逐渐衰退。生理上，最晚发育完成的代谢系统和骨骼四肢系统先走下坡。许多女性在35~40岁以后，呈现嘴唇颜色变深、脸色发黄的变化，说明消化系统已经开始衰退。人到这时候，行走不再轻盈，肢体变得僵硬，不复年轻时的灵活。
- 50岁以后，心肺功能逐渐衰退，易出现心脏病、高血压等症状。
- 60岁以后，神经感觉系统逐渐退化，可出现视力不良、知觉退化、失智症等。

人体生理发展的时间表

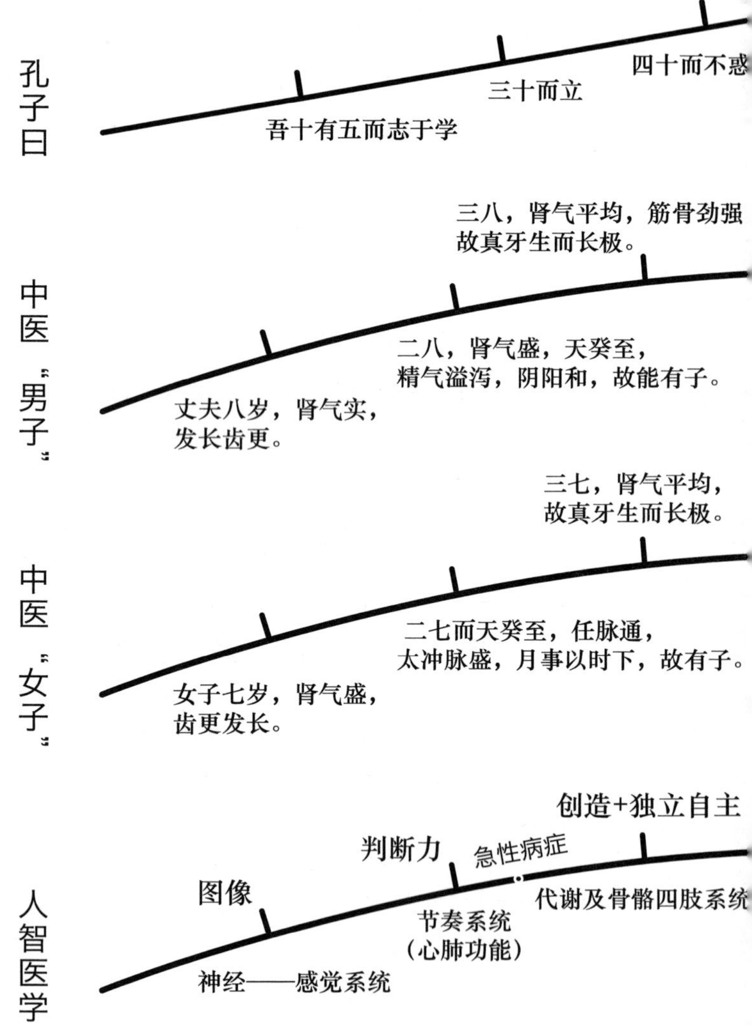
孔子曰
吾十有五而志于学
三十而立
四十而不惑
中医“男子”
丈夫八岁，肾气实，
发长齿更。
二八，肾气盛，天癸至，
精气溢泻，阴阳和，故能有子。
三八，肾气平均，筋骨劲强
故真牙生而长极。
中医“女子”
女子七岁，肾气盛，
齿更发长。
二七而天癸至，任脉通，
太冲脉盛，月事以时下，故有子。
三七，肾气平均，
故真牙生而长极。
人智医学
图像
神经——感觉系统
判断力
节奏系统
（心肺功能）
急性病症
代谢及骨骼四肢系统
创造+独立自主

五十而知天命
六十而耳顺
七十而从心所欲，不逾矩

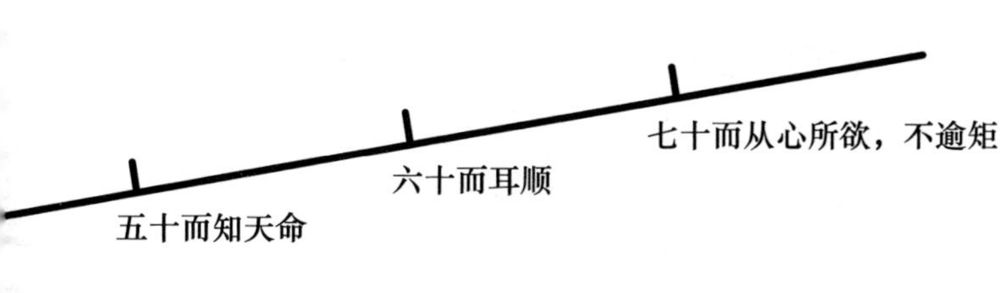

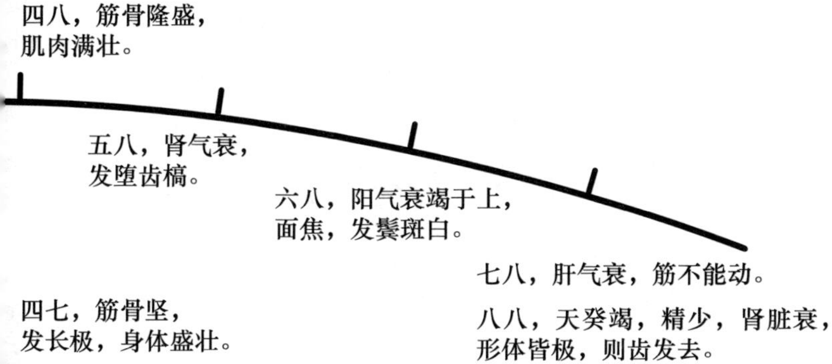

四八，筋骨隆盛，
肌肉满壮。
五八，肾气衰，
发堕齿槁。
六八，阳气衰竭于上，
面焦，发鬓斑白。
七八，肝气衰，筋不能动。
八八，天癸竭，精少，肾脏衰，
形体皆极，则齿发去。

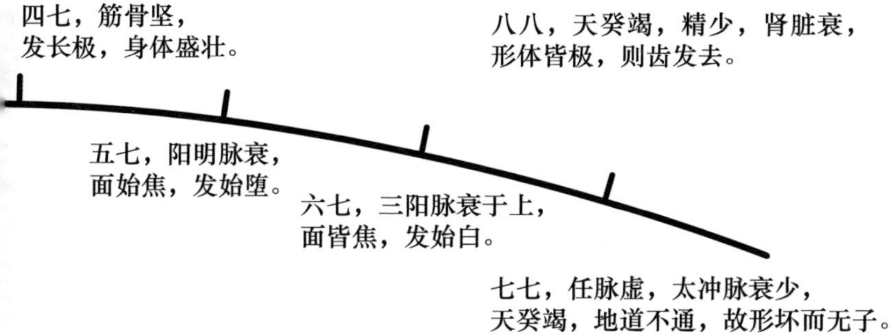

四七，筋骨坚，
发长极，身体盛壮。
五七，阳明脉衰，
面始焦，发始堕。
六七，三阳脉衰于上，
面皆焦，发始白。
七七，任脉虚，太冲脉衰少，
天癸竭，地道不通，故形坏而无子。

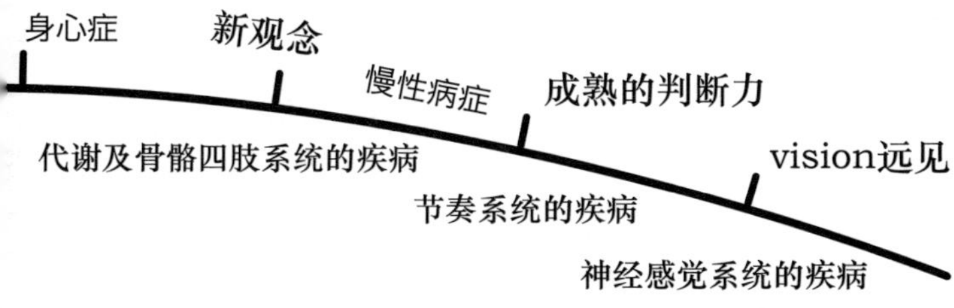

身心症
新观念
慢性病症
成熟的判断力
代谢及骨骼四肢系统的疾病
vision远见
节奏系统的疾病
神经感觉系统的疾病

从以上的发展理论可以得知，孩子最早发育的神经感觉系统也是最后退化的，终其一生必须要运作七八十年的时间，父母如果不能把握孩子零至七岁的七年让其正确发展神经感觉能力，那么知觉退化、失智症等都要提前报到。

这一套理论看在各位父母眼中有什么意义呢？很简单，它标示了孩子各阶段的教育目标，也就是七岁前培养孩子坚定的意志力，十四岁前养成孩子丰富的情感，二十一岁前训练孩子良好的思考判断力。循序而进，将可养成意志力、情感与思考力三者兼备的独立个体。

提前学习，
是在摧毁孩子的神经系统

人类从出生到七岁之间，主要发展神经感觉系统，而神经感觉系统的中枢在大脑。这也就是说，七岁前的人体发展，是以脑部为主角。

正因为如此，三岁前的孩子头部显得特别大，脑袋和身体的比例明显与大人不同。这三年之间，由于脑部细胞迅速发展，所以许多现代教育就发明了“有助脑部开发”的种种手段，想要帮孩子变得更聪明，甚至是成为天才。这些方法包括零岁教育、幼儿认知启发、让孩子看电视、幼儿数学教育等等，其实这些方法并不会让孩子真的变聪明，反而是在过度刺激孩子，摧毁他们的神经系统，阻碍孩子学习使用及掌控自己的身体。

至于什么样算是“过度刺激孩子的神经系统”呢？

电视、计算机的声光，或是常带孩子去人多的餐厅、逛百货公司，甚至是让孩子晚睡（也就是醒着的时间太长），都是在给予脑部神经过度的刺激。当孩子开始回应这些过度刺激的时候，就会发生情绪不安定、过动等问题。

医学统计发现，不少过动儿的父母都晚睡，孩子也跟着大人作息，造成小孩清醒的时间太长，接收了太多不必要的神经刺激，引发过动症。

许多过动症的家长对孩子的病因百思不得其解，而其实，病因就只是“太晚睡”这么简单!

婴幼儿都是头大身体小，但是四岁以后，他们的身体会逐渐朝大人的头身比例发展。然而，现在的父母执着于“三岁定终生”的迷思，太早让幼儿接受认知上的学习，过度使用脑部，导致身体发展迟缓。这样的孩子直到上了小学，头身的比例仍然像婴儿一样，头大身小，四肢干瘦。

那么，什么时候才是让孩子接受认知学习的适当时间呢?

《黄帝内经》说“女子七岁肾气盛，齿更发长”，又说“丈夫八岁肾气实，发长齿更”。这两句话都是在告诉我们，当孩子掉第一颗牙的时候，就是脑部开始进入认知学习的时候。中医学说“肾通于脑”，孩子肾气充盛，脑部能量充足，才是真正进入学习的适当时机。

牙齿是人体唯一换过一次就完全不会再生的器官，因此当学龄孩童掉第一颗牙的时候，这一颗牙释放的生命力就会进入脑部，成为发展智力的能量。至于其他器官的生命力，则主要用来进行各自的器官细胞再生，有剩余的能量时，才会转化为智力的能量。因此，孩子掉第一颗牙与否，就成为他是否准备好进入学习的标志。

不但如此，人在思考的时候，所使用的是消化系统的能量。让孩子从幼儿时期就开始用脑思考，会削弱孩子的消化功能，形成中医所说的“脾胃虚弱”。这样的孩子胃口不佳，对营养的吸收利用差，连带影响发育速度。所以说，智力的学习急不得，必须等到十四岁左右，孩子的身躯已经长得够大了，再来动脑，以免影响身高发育。

提前用脑力，
迫使小女孩性早熟

我一个朋友的女儿，幼儿园才毕业，正准备进小学。她带小女孩去检查牙齿，牙医一看，不能置信地说：“这孩子不过六岁，为什么牙齿已经换到九岁的程度了？”

妈妈听了大惊失色，连忙打电话问我：“怎么办？我的孩子既不吃糖果，也不喝饮料，饮食作息都十分正常，为什么还掉那么多牙？她的牙掉得这么快，都还没上小学，换牙的程度就已经和三年级孩子一样了。”

追究原因，这孩子在幼儿园就学了很多数学加减法，接受了很多认知训练，她本身又是火相气质（关于人的气质分类，请见第二章）的孩子，在学习上十分认真好强，于是把牙齿的生命力都提前拿到脑部去用了。这时候的孩子，在生理发展上其实还不到用脑去认知学习的时候，但是学校安排这样的课程，强迫孩子学习，个性求好的她又全力以赴，所以牙齿的生命力提前消耗，乳牙早早就掉，成人齿也递补上来了。

从她的牙齿来看，这孩子的发育提前了三年，果然，她在国小二年级就开始了乳房发育，国小三年级来初经，这便是现代常见的“性早熟”。像这样的个案，我接触过好几例。小女孩才国小三四年级就来初经，来了初经以后，身长便不容易抽高了。

很多人都把孩子的性早熟归咎于吃了太多含有荷尔蒙的肉品，或是高油脂食物。可是严格控管饮食的家庭，还是可见性早熟的孩子，让父母感到很挫折也很无助。他们有所不知，原来过早的认知学习，也是在强迫肾气提前发展，造成性早熟。

我所接触的几个乳牙提早脱落、初经提前来到而长不高的小女孩，都属于火相气质的孩子。火相的特质让她们勇于接受困难挑战，不轻易认输，所以即使学校的课程难度分明已经超龄，她们也会坚持学习到底。同样的事情发生在其他气质的孩子身上，结果就不同了。

例如，我另一个朋友的女儿是风相气质的五岁孩子，老师常向我这位朋友反映，说孩子上课都不专心。朋友忧心忡忡，担心孩子是不是有学习障碍。身为华德福学校的驻校医生，我对此一点也不担忧，甚至认为这是必然的结果。原因很简单，对幼儿园的孩子进行认知教育，本来就不恰当；而对风相的孩子来说，这样的学习简直无聊透顶，所以他们会在课堂上突然站起来唱歌跳舞，成为老师的困扰。

从以上两例，可以对照出不同气质的孩子，对超龄学习的表现南辕北辙。在相同的学习体制内，风相的孩子并不强迫自己去做过度认真的学习，所以比较不会因此而发生性早熟，却会成为老师眼中的头痛人物；火相性格的孩子勉力学习，是师长心目中自动自发的好学生，但也因而会迫使身体提前发育，引发性早熟。

没有安全感的孩子，在学习能力上居于劣势

相信所有的家长都想要知道，有什么方法可以让孩子的脑部发育达到最佳效率？我的答案就是：让孩子感到自己和父母之间拥有安全的关系，就可以协助孩子有效发展脑力。做法是当孩子小时候，因为害怕、无助、难过而哭泣的时候，家长愿意给予爱、温暖、照顾与同理心，并且温柔对待，加以安慰。这样的对待关系，会让孩子感到安全和被爱。孩子在童年的时候拥有爱与温暖，长大以后，学习任何事情都会容易上手。

这是因为足够的爱让他们充满安全感，不必承受不必要的压力，于是让脑部的结构发展较为坚固而健全。这样的孩子情绪也会十分稳定，将来面临社会严酷的现实考验，能具备极佳的抗压能力。

心理研究显示，三岁之前没有得到充分拥抱，或是没有玩够的孩子，他们的脑部会比同年龄的孩子小20%~30%，而若是受到大人的侵害（abuse），孩子的脑部会变得异常敏感。

这里所谓的“侵害”，并不一定指“性侵害”这么严重的情节，贬抑孩子、打骂孩子、甩孩子耳光、打孩子的头、背叛对孩子的承诺、对孩子冷言冷语、耻笑孩子、冷落孩子不给予关爱、给予孩子不喜欢的

生理接触（像是用力捏孩子的脸颊，说“你好可爱喔——”，或是孩子不想要拥抱的时候，却强行拥抱他）等等，都属于“侵害”的行为。大人对孩子早期的种种侵害行为，都会在孩子的脑部产生特别的破坏。而这些破坏的严重性，是大人远远无法想象的。

所谓的“严重”，究竟是多严重呢？科学家研究童年时期曾遭到侵害（被打骂）的自杀者，发现他们大脑的海马回明显变小。这一变化来自于基因的改变。

我们知道经验是脑部的主要建筑师，孩子早年的经验会在脑部建构成一种模型，往后的成长过程都将围绕着这一模型来发展。所有我们经历过的事件，都会改变我们脑部建构的模型，让我们的基因产生变化。童年时期面临太大的压力（包括不被爱的压力），基因的某些位置将会被死锁，无法传递细胞复制的讯息，所以经由这一过程复制出来的基因会与原来的细胞不同。童年受到侵害的孩子，脑部海马回的细胞因而发生细胞变异，导致海马回逐渐变小。

海马回的功能关系到理解力、记忆力、创造力、计划组织力、方向感、想象力、表达力、信任感、意志力，以及自我觉察力等。海马回的缩小，代表以上能力都将受到影响而变差。

学习压力如何伤害幼儿的脑

绝大多数父母都非常关心孩子的智力发展，认为只要孩子够聪明，学习就会变得轻松容易，所以总是穷其一切可能的、自认为好的方法，想要提前开发孩子的脑力，让他们变得更聪明，以便能“赢在起跑点上”。但是超龄的学习，不只会在孩子的心理上造成很大的压力，这些压力还会影响孩子的脑部发育。

压力除了透过基因的改变，使海马回变小，还会透过肾上腺所分泌的糖皮质激素，去伤害脑部。孩子长期处于压力下，肾上腺所分泌的压力荷尔蒙就会大量增加，影响脑部神经突触的讯息传递。也就是说，孩子生活在慢性压力之下，他的脑部神经细胞将无法生长，说是“压力杀死脑神经细胞”，一点也不为过。

这一现象特别可见于脑部在发展神经感觉系统的阶段，还有脑部需要快速适应不同年龄阶段发展的时候。这时期若给孩子太大的压力，神经细胞将无法生长。换句话说，强求两岁的孩子学习三岁的功课，将会破坏孩子的海马回，影响海马回的重要功能。

很多大人都以为孩子哪会有什么压力，尤其是幼儿，每天吃饱了睡，睡饱了就玩耍，日子好过得很呢！大人不知道自己经常在求好心切下，给孩子制造了很多不必要的压力，结果让他们未蒙其利，先受其害，反而限制了孩子日后的脑部发展。

人生的第一个七年（0~7岁），培养孩子坚定的意志力

人终其一生的所有生命都来自这一口“气”（生命力）。气对肉体有“塑形”的作用，塑造出人的意志力、情感和思想。一个意志坚定、情感丰富、思考判断力佳的人必定会成就非凡。

人的意志力在七岁以前形成。而意志力的完成，必须有物质身体的支撑。例如，一个人意志再坚定，如果已经三天没吃饭，也不可能完成玉山攻顶的梦想。

意志力是成就的第一要件。教育十四岁前的孩子，尤其是七岁以前的学龄儿童，最重要的生命任务就是“长身体”。父母必须给予他们肉体（物质身体）能够不断壮大的环境，让他们学会使用身体，而不是要孩子勤做功课，学ㄅㄆㄇ或ABC。

七岁前的孩子正在发展神经感觉系统，看书、动脑这种认知的学习让原本梦幻的孩子太早醒觉，以致摧毁神经系统。人体所有肢体动作都是由大脑控制而来，这时候多活动肢体，才能刺激脑神经发育。因此七岁前的孩子没有别的功课，就是要不断地用手、用脚、用身体去游戏和做事。不要轻看游戏，捏泥巴、玩堆沙的肢体活动，都可以刺激手脚的末梢神经，将神经讯息传达到脑部，刺激脑神经发展，锻炼坚定的意志力。

【ㄅㄆㄇ】注音符号，发bpm音。

七岁前的孩子，除了玩还是玩

有个幼儿园的小病人罹患异位性皮肤炎，每天像猴子似的不停抓搔，痒得晚上都不能睡。他虽然动作像小猴子，两个黑眼圈却好似熊猫一样。我告诉孩子的妈妈说，从现在起要好好医治皮肤病，为了补充孩子一直不足的睡眠，应该让他向学校请假一个月，每天在家好好睡觉吃饭。

妈妈面有难色地说，孩子念的虽然是幼儿园，不过学校也有“功课”要学习，她怕孩子休息一个月，功课会跟不上其他小朋友。

我纳闷，在幼儿园不就是玩吗？玩有什么跟不上的？妈妈说，学校有算数的加减和注音符号的学习课程。我劝她说，孩子直到七岁掉牙之前都是不长记性的，这时候让他学ㄅㄆㄇ或ABC，都是事倍功半。七岁前的孩子还很梦幻，尚未发展意识。自我意识没有发展形成的他们只有情绪，想哭就哭，要生气就生气，所以很多父母都觉得孩子像动物一样，尤其是七岁以下的孩子，根本就是野兽。他们没有自己的思想，凡事都凭直觉和情感来表达。

父母抱怨孩子“怎么教都教不会”“都讲几百遍了，他怎么还是想不通”，这其实一点都不奇怪。因为孩子还太小，根本就尚未开始学习思考，又怎么会“想得通”呢？

太早让孩子把应该充实身体的生命力移转到脑部去学习，孩子的身体就不长了，会又瘦又小；不让他去外面活动，把他的身体束缚在教室里东想西记，他的四肢不舒展，脑神经得不到良性刺激，反而是在限制他将来的脑部发展。诺贝尔化学奖得主、前中央研究院院长李远哲从小在新竹的乡下长大，他小时候自在游玩，爬树爬出了今天的成就，就是最好的例证。

大人对孩子说话的态度，
会左右他的心跳和呼吸，
影响将终其一生

此外，大家千万不要忽略了，七岁前的孩子还没有发展出自我意识，所以他的感官是对外开放，和世界合而为一的，因此大人对待他的态度和讲话的速度，都会影响他的心跳和呼吸。个性急躁的父母会让孩子在整个成长过程中，甚至终其一生都感受到喘不过气的压力，并且十分焦虑。所以大人和七岁前的孩子说话，应该轻声慢说，以便稳定孩子的性情。

我们常常能在路上看到小孩哭得肝肠寸断，大人则在一旁训斥，试图要和他“讲道理”。

“你到底要怎样？用说的，不准哭。你一直哭，我怎么知道你想要什么？”我说，父母简直是在白费心机，用言语表达情绪其实是一件很困难的事，先不

【中央研究院】民国时期中国最高学术研究机关，也是目前台湾最高学术研究机关，直接隶属于“总统府”。

说小孩，即使是大人也做不好。有些朋友面色铁青，说是和另一半吵架了。你问他在气什么？他想了半天，整理不出头绪，最后叹了一声说：“唉，我也说不出来，反正就是很气啦！”

大人都讲不出来，又怎能奢求孩子用言语准确表达自己的情绪呢？所以遇到孩子哭的时候，大人不要强逼他闭嘴，或是要他“讲道理”。我们能做的，就是搂着他们，让孩子感受到爱与包容，孩子慢慢就会安静下来。

有一回我去日本，回程中，在当地机场大厅候机，见到一位妈妈带着她的小男孩，旁边是小男孩的一对祖父母，祖孙三代共四人也在候机。这个小男孩不停哭闹，吵着要爸爸开车来接他。妈妈试着跟他讲道理：“爸爸开的是汽车，不是飞机呀！他如果开车来日本接我们，会掉到海里，我们还是回不了家。”但是小男孩根本不理会，仍然使劲地哭闹：“我要爸爸来载我，我要爸爸来载我……”

妈妈耐着性子，苦口婆心地想要让小男孩“明白道理”，可是小男孩根本不领情，继续在大庭广众之下哭得声嘶力竭。渐渐的，妈妈也失去耐性，开始生气了，阿嬷赶紧出面圆场：“你看，妈妈都生气了，你这孩子怎么都讲不听，这么爱哭呢！”不讲他还好，阿嬷一讲，孩子哭得更伤心了。最后连阿公都看不下去，板起脸来训斥小孙子：“怎么都讲不听呢！

【阿嬷】奶奶。
【阿公】爷爷。

大家都好言跟你说了，你就是爱胡闹。你到底想哭到什么时候！”

我看着这孩子，从开始有情绪，到惹恼所有的人，过程有几十分钟的时间，三个大人都没有把他抱起来，带他离开候机楼那个空气污浊、人声吵杂的环境，也没有人安慰他，只有如出一辙的“讲道理”。小男孩之所以哭得呼天抢地，其实只是想要表达他不舒服、难过的情绪，可是妈妈只顾一个劲儿地“讲道理”，却抱也不抱他一下，发现道理讲不通，就根本不想理他了。

类似这样的情节，每一天都在无数幼儿的家中上演。孩子想借着哭闹表达情绪，大人却一无所知，结果让小孩感觉大人不爱他，而一筹末展的大人频频抱怨孩子真是爱胡闹的“磨娘精”。

我的女儿就是生来很敏感的孩子，她小时候没事就哭，还哭到有如天崩地裂，话更说不清了。她说不出问题在哪里，我们只好拼命猜。有一回，她哭着不肯去上学，“是老师打你吗？”“是同学欺负你吗？”当我们一直猜的时候，就是在引导她去感觉自己伤心难过的原因。最后她终于“理出头绪”，说道：“小朋友都不跟我玩。”

七岁以下的孩子，无法用话语明确表达心思，可是他们听得懂大人说的话，所以大人和他们玩“猜猜乐”的时候，就是在帮他们理出思绪，而当所有的选项都不对的时候，答案也就呼之欲出了。

小儿发烧，
是为了换掉得自父母的不良遗传细胞

零到七岁，是人生第一个七年，也是抛弃旧身体，形成新身体的重要阶段。

所谓旧身体，是从母体带出来的皮囊。这一具承袭自父母的肉体，可能带有遗传病的基因，所以孩子必须在七岁前换掉全身所有的细胞，才能摆脱可能的遗传疾病。

孩子用来更换新旧细胞的方法，就是“发烧”。藉由一次又一次的发烧，孩子才得以换掉承自父母的问题细胞。由此可知，发烧对孩子的健康成长具有多么重大的意义，大人无知地为孩子退烧，可能造成终生遗憾的后遗症。（关于这部分，将在第三章《不适当使用退烧药的后遗症：发育迟缓、免疫疾病、皮肤病》中有更详细的说明。）

换牙开启了大脑的学习阶段

孩子到六七岁左右，感官会发育完成；也就是说，到了这个年纪，神经系统已经发育完全，开始进入大脑的学习阶段。当孩子掉第一颗牙的时候，这颗

牙的生命力就进入了孩子的脑部，大脑长智力，也开始有了记忆力。这时候正值孩子进入国小就学的年纪。

我们可以在国小一年级的教室里，看到有些孩子已经开始换牙，有些则还留着乳牙。孩子换牙与否，对老师的教学要求是有差别的。还没有换牙的孩子不长智力，所以他们喜欢重复的事情，同样的故事讲三百遍，他们还是听得津津有味。可是换牙以后的孩子就不同了，他们蓄势待发，对学习充满强烈欲望，像海绵一样吸收新知。老师重复讲过的故事，还没有换牙的孩子会兴高采烈地说：“好啊，再听一遍！”可是换了牙的孩子会抗议：“好无聊喔，不要再讲一样的了，换个新的吧！”

这也就是为什么在七岁前做记忆性和思考性的学习是不恰当的，因为孩子根本还没有准备好。等到换牙以后，孩子一半的生命力提升到“感知体”，才是真正开始记忆与思考的学习时机。

人生的第二个七年（7~14岁），养成孩子丰富的情感

人生的第二个七年（七到十四岁左右），是情感面形成的阶段。这时候，孩子有一半的生命力离开物质体，开始充实情感。而阶段的分界点，就以掉第一颗乳牙为标志。

人类的牙齿是换过一遍以后，就一辈子不会再生的器官，当中存在十分强大的生命力。孩子掉了第一颗牙之后，这颗牙的生命力释放到脑部，会开启新的学习阶段，让孩子进入到生命中的下一个七年。

小学阶段发展身体的节奏系统；生活教育方面，有规律的作息，帮助孩子发展良好的心肺功能

零到七岁的孩子发展神经系统，七到十四岁的孩子则是发展节奏系统（主要是心肺功能）。

身体的每一个器官组织都有其运作的节奏和规律。例如，代谢系统的收缩是以一小时为单位，伤口需要一星期复原，心脏病的危险期是七天，血液的再生周期也是七天，一个人如果筋疲力竭，需要一个月的时间才能复原……而其中最主要的节奏系统就是心脏与肺脏。为了配合心肺有规律的节奏发展，生活教

育应该着重养成孩子有规律的作息。

这个阶段的教育重点，就是督促孩子遵循良好的起居规律，利用定时的作息强化孩子的身体，并且让他们每天睡足十二个钟头，这样孩子才能够发展出稳定而良好的心肺功能。而且睡眠及作息的规律性会令孩子产生安全感，并拥有平稳的情绪。

此外，这个阶段的学习都要带有情感与艺术性，才能够协助心肺系统充分健全发育。如果施以不带感情的填鸭式教学，没有让心脏得到足够的舒展，孩子将来容易罹患心脏瓣膜脱垂、风湿性心脏病等心脏病变。医生常说这些都是原因不明的病，其实它们和教育有着很深的关系，早在一个人小时候便已经种下疾病的恶因了。

小学阶段发展感知体；
学习教育方面，以感官艺术教育为诉求，
启发孩子丰富的情感，强化对生命的连结

第二个七年，孩子的肉体已不像第一个七年那般，动辄以两倍的速度成长（从五十公分长到一百多公分）。进入第二个七年，每年大约长高五至十公分，原因就是身体将更多的生命能量拿来“长智慧”。不过这时候的思考模式还只是图像式思考，和国中以后的批判性思考是不同的。所以我们不能用教国中生、

高中生的方式来教导小学生。

在学习教育上，因为孩子这时正在发展自己的感知体，所以教学应以感官为诉求，像是唱歌、画画等艺术活动，都能触动孩子的情感，使他们学习得更快更有效率。唱歌就是非常好的教学，透过反复的歌唱练习，可以强化节奏系统，等同是在强化心肺功能。就连学习数学，都可以先用一段故事导入，引领孩子对数学产生“感觉”。

很多孩子都讨厌数学，原因就是数学冷冰冰，让人“一点感觉也没有”。因为没有感动，所以排斥，无法产生兴趣。如果最初能够让孩子对数学先产生“感觉”，孩子就会有兴趣深入，不至于从一开始就讨厌它。

至于学习的素材，则可以尽量运用大自然，好让孩子与大自然产生连结，让他们从小就热爱土地，将来不会轻言离开世界。很多优秀的孩子选择轻生，走得非常“潇洒”，对人世丝毫不眷恋，就是因为他们和世界缺乏连结，没有被这个花花世界感动过，所以他们会认为“死不足惜”。（关于这部分，将在第三章《缺乏情感教育的后遗症：厌世轻生》中有更详细的说明。）

华德福小学是没有制式课本的，每一门课的课本都是由孩子亲自手绘。老师在课堂上讲述今天的主题或故事，孩子就凭自己的理解把内容画下来。这便是一种图像式的思考。经由这种方式，可以让“心魂”活动起来。

前面提到，这个阶段的学习，都要带有情感与艺术性，目的就是要让“心魂”活动起来。什么是“心魂”呢？

大家可以想象诗人因为灵性被触动，有感而发地写了一首诗，当其他人看到这首诗深受感动时，他们的心魂就和写诗的人一样动了起来。画家因为有所感而画了一幅画，画静静地挂在墙上，但是看到的人却大受感动，就表示心魂有了活动。用心魂的活动去引动孩子的学习，就是带有情感与艺术性的学习。

华德福给孩子的作业簿是没有画线的，要让孩子在没有画线的纸上写下排列整齐的字。当孩子不再写得歪七扭八时，就表示他们内在的规律性已经完成。

我们低年级的孩子写功课用的是彩色笔，而不是铅笔。为什么要用难写的彩色笔，而不是铅笔呢？就是因为彩色笔不容易写，需要用较大的手劲，正好可以训练孩子的意志力和手指的力量。

华德福学校常给低年级的孩子做蜂蜜蜡塑形的练习，高年级则用泥塑这类可以动手指去捏玩、雕塑的材料，其目的就是要让孩子使用手指头，藉以刺激脑部，并形成三度空间的立体感，而这是很多校外的孩子所达不到的。

我们让国小阶段的孩子画很多图，家长可以发现低年级孩子画的湿水彩，风格十分梦幻而浪漫；高年级的画风就变得十分明确而具体，思想转变的轨迹明显可见。

华德福的国小教育充满了绘画和歌唱。唱歌和音乐对孩子的节奏系统而言，是非常重要的活动，因为两者都具有节律性和重复性，这样的艺术会感动孩子；而丰富的情感又会强化呼吸和心跳的过程，对心肺功能发展帮助良多。

人生的第三个七年（14~21岁），发展成熟思考及良好的判断力

孩子到了十四岁左右，也就是国中二年级的时候，会突然长大，好像开窍似的，懂得思考了。

四肢骨骼及代谢系统的发育是本阶段的重点

这时候的孩子进入了另一个阶段，开始发展四肢骨骼及代谢系统（主要是消化系统）。

• 消化系统

人的思考力和代谢系统的运作模式是一样的。代谢系统最重要的能力是分解，然后将其重新建构成新的物质，以便人体利用，这一过程就是“消化”。

思考的过程也是如此。我们进行思考之前，必须先接纳老师所教的内容（就好像是先把东西吃进嘴里），接着再去分析这些内容，质疑它们的真实性，而不是全盘接收（犹如胃肠消化分解食物，万一吃到不对的东西，还得将它们吐出来）。经过重整之后的去芜存菁，将信息建构并内化为自己的知识（好比食物经过消化、分解、过滤，而后吸收为身体可利用的营养物质）。

简单地说，唯有经过分析与合成的过程，才是真正的思考；也唯有经过如此完整学习过程所习得的结果，才是让孩子脊椎挺直的力量。因此我们可以说，所谓“知识的力量”，就是让孩子抬头挺胸的力量。

• 四肢骨骼系统

这一阶段的骨骼系统发展重点，已经不在于抽长拉高，而是着重于脊椎的充实，乃至挺立。而充实脊椎的力量，来自于“思考的力量”，也就是经过孩子本人反复琢磨、消化吸收以后内化的知识。这些经由自己思考而习得的知识力量会贯穿孩子的脊椎，让他们抬头挺胸、昂首阔步。

服从威权的填鸭式教育让孩子挺不直背脊

青春期孩子发展的思考模式，是批判性的思考。也就是先加以拆解，认为这也不对，那也不好。成年以后的思考，则渐渐脱离批判性，转为哲学性的成熟思考。批判性思考是从前一个“感受”的阶段发展过来的，尽管他们还说不出个道理，开口闭口却都是“我就觉得这样那样”，大人因而认为他们是“为反对而反对”。

东方的父母比较威权，不给孩子思考的空间，直接要孩子顺从并接受大人的指令。孩子缺乏经由自己的脑袋思考所产生的满足感，背脊便一天天驼下来。（关于这部分，在第三章《填鸭式教育的后遗症：弯腰驼背》中有更详尽的说明。）

弯腰驼背还有另一种可能，就是孩子的肉体已将长大，但是心智并没有跟上成熟的速度，缺乏“自信的力量”来贯穿脊椎使孩子昂扬挺立。

从物质体、感知体到最后形成思考能力，直到十八岁左右，孩子才进入大学，开始自由学习。也就是说，我们需要花费二十一年时间，来培养一个“自由人”。

一直到二十一岁左右，整合前面所发展的三大系统（神经系统、心肺系统、骨骼代谢系统），形成新的自我，孩子于焉成人，可以独当一面，承担必须面对的人生责任。

自我意识充分发展成熟，可以强化生命力

前面谈到小孩子的自我意识还没有发展形成，他们只有情绪，想哭就哭，要生气就生气，尤其是七岁以下的孩子，他们没有自己的思想，凡事都凭本能和情感来表达。

尚未受教育的孩子是如此，可是受了教育，强化

了自我意识以后，就应该懂得不能放任自己的情绪过度泛滥，所以需要思想的制衡。有思想的人可以控制自己的情绪，不会无缘无故地发脾气。他知道任由情绪暴走会伤身坏事，所以懂得做几个深呼吸，把情绪缓和下来。

俗话说“知易行难”，之所以如此，就是因为教育没有教好，自我意识未能发展成熟，所以明知而故犯。医生看得最多的，就是这样的病人。有多少这样的病患，小毛病看了又看，就是不好，一问起来，不是明知不能吃却还是吃了，就是明知夜深了，却还是开夜车看电视、打电动而不休息。

自我意识充分发展的人，会知道——我是谁，我应该做什么，我必须全力以赴。明知不应该吃，却还是吃了，只能证明此人的自我意识没有发展健全，所以会任随自己的一时兴起或口腹欲望去做，造成一错再错。这就是过度的欲望和情绪干扰肉体，削弱生命力而造成了病痛。

成功的教育让人发展出成熟的自我意识，能即知即行。知道而且做到，医院就不会人满为患了。所以教育不只是学习知识，还要让人不会生病。

人生的前二十一年，最终完成的就是孩子的自我意识，这时候的孩子能够顶天立地，全力以赴地做好自己的本分。

人智医学归纳出人的一生发展阶段

- 第一个七年（0~7岁），发展神经系统，孩子充满想象力。
- 第二个七年（7~14岁），发展心肺功能，孩子发挥感知力。
- 第三个七年（14~21岁），发展四肢骨骼及代谢系统，培养成熟思考力。
- 第四个七年（21~28岁）
- 第五个七年（28~35岁），人生的黄金时期，正值生命最高峰，却也是责任最重大的时期，容易因为压力而罹患身心症（例如自律神经失调、精神官能症）。这一阶段的女性尤其需要孩子的陪伴，如果缺乏子女陪伴，罹患身心症的机率比较高。
- 第六个七年（35~42岁），身体开始步入衰退期。骨骼及代谢系统首先退化。退化的骨骼力量在脑内形成新的思考能量，所以思考模式更趋成熟。
- 第七个七年（42~49岁），心肺功能退化，出现高血压、心脏病等心血管疾病，却也发展出成熟的判断力。
- 第八个七年（49~56岁），神经系统开始退化，视茫茫而齿牙动摇，但是相对发展成为具有远见的长者，人生进入另一番新境界，正是所谓“人生七十才开始”。对照孔子主张的人生阶段发展，两者可以得到非常精彩的呼应。
- 第九个七年（56~63岁）

【注】孔子这一位伟大的教育家，早在两千多年前，便揭橥了教育的阶段性目标与意义，那便是：吾十五而志于学，三十而立，四十而不惑，五十而知天命，六十而耳顺，七十而从心所欲不踰矩。

以上说明人的灵性状态会随着年纪渐长而提升层次，如果灵性无法随着老化而进化，就会成为“老番颠”，未能发展出人生该有的智慧，成天担忧与抱怨不休。

人类之所以能成为万物之长，就是因为人类有灵性，灵性利用身体这一具“皮囊”，进行各种学习，皮囊会逐渐老化衰退而崩解，但是灵性却能不断提升，最终回归大自然，再进入下一世的学习。

第二章

不是孩子不受教，而是大人不会教

——对四种不同气质孩子的因材施教

土、水、风、火四种气质特性的由来

冲动自我的火相性格

跟着感觉走的风相性格

凡事等一下的水相性格

人生即苦海的土相性格

不是孩子不受教，而是大人不会教

——对四种不同气质孩子的因材施教

我最常听到父母抱怨说：“我的孩子好难教喔！”这样说其实有失公平。孩子不是难教，而是大人不会教。

我在诊所看到很多父母和孩子的关系是冲突不安的。爸妈说话，孩子当耳旁风，要不然便是你说一句，我就回敬一句，谁也不让谁。这是因为父母不懂孩子的缘故。

七岁前的孩子不善用言语表达自己，所以大人要懂得观察孩子，了解他们与生俱来的特质，这样才知道如何“因材施教”。

孩子的气质得自父母的遗传和本身与生俱来的灵性（累世的学习）。例如，我这辈子是中医，下辈子可能还有机会当中医。我经过累世的学习，必须一世比一世做得好。学习的记忆都累积在我们的灵性当中。

现代科学证实，人类终其一生只用了2%的脑力。那其他98%的脑力难道都在长眠吗？不是的，这里面还有累世的学习记忆。这部分的记忆和父母的遗传特质交融，形成不同气质的孩子。就像蓝色加黄色，会变成既不是蓝色也不是黄色的绿色。

一些父母抱怨，我和另一半都不是这个样，怎么会蹦出这样的孩子呢？这其实是大人忽略了孩子是独一的个体，有自己的特质。

关于人的气质特性，历来各家各派都有许多分类，人智哲学则将人的气质区分为土、水、风、火四种类型。

土、水、风、火四种气质特性的由来

人类是大自然的一部分，因此具备了大自然的四种主要元素——土、水、风、火。它们分别代表了固体、液体、气体、火的四种形态，也分别对应了矿物、植物、动物、人类这四种大自然的主要组成。

人的肉体形同自然界中的矿物，矿物因风化而分解，只会变得愈来愈小，如同肉体经过几十年风霜就会逐渐硬化萎缩。痛风、结石、纤维化、骨关节疾病等，都是人体矿物化的特性表现。

此外，人体的比重有六到七成都是水，当然具备了液体的特性。而自然界以植物的含水量最高，所以人也具有植物的特性。人的体液就是水的表现，包括汗液、血液、精液、内分泌皆属之。

人体内也有气体的表现，最明显可见的就在肺部与肠胃道。呼吸是气体的交换，肚子“膨风”（胀气）、放屁也都是气体作祟。

最后别忘了，人体具有温度，这种火的性质，可以让固体熔化，让液体汽化，就像温度让人的肌肉因为温暖而柔软，让毛孔和呼吸道散发出水蒸气。

人体内的固体、液体、气体、温度这四种性质，会不断地转换，互相协调运作。这四种性质在不同的人体内表现有强有弱，不同的强弱就会变化出不同的个人气质。

例如，温度的性质表现特别强的人，显现火相性格；水的性质表现特别强的人，显现出水相性格；而由矿物性质所主导的人，会表现出土相性格；由风的性质所主导的人，就表现出风相性格。

这四种气质的人，所展现出来的行为模式各不相同，也就是说，父母和孩子可能会是截然不同的气质。大人在教养孩子的时候，应该针对孩子的气质特性循循善诱，而不是用自己的气质特性去管教孩子、强迫孩子接受，否则很可能落得两败俱伤。

> 土：固体（具有矿物的性质）
> 水：液体（具有植物的性质）
> 风：气体（具有动物的性质）
> 火：温度（形成人的意识）

调对了频率，
才有亲子教育可言

有个妈妈带了两岁半的孩子来看诊。这孩子什么都要用手去抓，见了人就笑眯眯，嘴巴不停开阖说个没完。气质沉静寡言的妈妈说，这孩子一点都不怕生，和谁都能玩，一点都不像我和他老爸的个性。土相的父母无法理解风相的孩子怎能活泼成这个样，所以拼命想要压制孩子好动的个性。结果大人筋疲力竭，孩子的天性受到否定更是可怜。长久下来，亲子

就容易发生冲突而对立。

理解孩子的气质，才能因势利导。好比你想要听某个频道的广播节目，如果不调到对的频率，你能够清楚收听到节目吗？土相的父母如果不把频道调准到风相孩子的频率，孩子当然听不懂你在说什么，所以亲子之间总是各说各话，关系剑拔弩张。

教育就是要鼓励孩子充分发挥与生俱来的良好特质，不足的缺失则要设法转化、补强或平衡。例如，火相气质的孩子脾气火爆，大人要引导他平衡自己的性情，以免年纪轻轻就因为脾气暴躁而罹患高血压、脑中风。

在教养孩子前，父母不但要懂得分辨每个孩子的气质属性，也要理解自己的气质。事实上，这四种气质会表现在所有男女老少的身上，只是大人已经具有成熟的思想，可以设法自我平衡。为人父母者如果对自己的气质缺乏了解，也可以藉由本书接下来的提示进行自我探索，从中找出自己和孩子“犯冲”的原因。

四种气质的典型反应

有这样一个对孩子进行的气质测试。校方在一个狭小的巷道中央摆一把长条椅子，让横跨的长椅挡住唯一的去路，然后要孩子想办法从这一头走到巷道的另一头。

火相气质的孩子走到长椅前，会一脚把挡路的椅子踢开，若无其事地走过去，一路往目标前进，根本不把长椅放在眼里；风相的孩子走到长椅前，就开始把玩它，忘了自己应该继续前进；水相的孩子来到长椅前，一屁股坐下来休息，不想向前走了；土相的孩子走到长椅前，变得不知所措，哭丧着脸抱怨：“好难喔，怎么办？要怎么过去？我不会！”

这样一个简单的测试，就能明显看出每个孩子的气质大不相同，父母师长又怎么可能用同一个方法教会所有的孩子呢？尤其是七岁前的孩子不善表达自己的情绪，所以父母要从旁多多观察孩子的气质，找出他们不同的特性，并试探各种方法，找出孩子的罩门，而不是顺着大人自己的脾气与想法蛮干到底。

不了解彼此的气质，
大人小孩都受害

不了解彼此的气质差异，不但易造成孩子因为大人的不当对待而生病，大人自己也会深受其害。我有一名罹患甲状腺机能亢进的患者，经常心悸，脾气暴躁。我为她调养半年以后，她的内分泌功能已经逐渐恢复正常，于是欢天喜地地告别了我的诊所。大约一年以后，她打电话给我，说自己又旧疾复发了。我在电话里和她聊了一会儿，想知道她平日是否压力太

大，或是有什么事让她常常动怒。

病人仿佛遇到知音似的说：“医生怎么知道我常生气呢？”

我问：“你有什么事，非得如此生气不可呢？”

病人开始滔滔不绝：“我啊，每天看到我女儿就生气！她做事总是慢吞吞，好像神经的发条永远没上紧。光想到她我就有压力，不看也知道，她一定又在‘摆烂’，永远等着我催，她才要去做……”

这是一个火相的妈妈遇到水相的孩子，妈妈不明白孩子的慢是与生俱来的气质，如果不能在她小时候逐渐激发其潜在的火相特质，这孩子将会一辈子都这么慢吞吞。而妈妈因为孩子的悠哉，成天气急败坏，急出了病来，造成甲状腺机能亢进的旧疾再度发作。

我的另一名女病患，有一个念高中的儿子。孩子的爸爸是火相气质的急惊风，偏偏孩子又是个水相气质的慢郎中。这孩子功课不错，也颇自动自发，可爸爸每次晚上回到家，都恰巧看见儿子好整以暇地坐在沙发上看电视、玩计算机。他不管儿子是否已经读了好几个钟头的书，现在不过是休息喘口气，反正他只要没见到儿子在K书，必定要开骂。而水相的人反应总是慢半拍，才想为自己辩白，爸爸的机关枪已经扫射完毕，所以孩子一直感到被冤枉，很委屈又不服气。终于有一天，大男孩忍无可忍，索性拒绝上学以示抗议。高中的孩子不去上课，必定会耽误学业，妈妈心急如焚，劝又劝不动，只好向爸爸讨救兵。可是爸爸也不愿示弱，父子天天僵持不下。妈妈就这样夹在中间，承受着巨大的精神压力，短短一个月，竟然在子宫和卵巢分别冒出肿瘤。

人说“相爱容易相处难”，为什么会这样呢？就是因为彼此“不相知”。所以父母一定要学会了解孩子天生的气质，只有用对方法与孩子沟通，方能够达到沟通的实质效果。

冲动自我的火相性格

座右铭：情况变得愈艰难，内心就变得愈坚强

生命的主题曲：按照我的方法来做

外观：行动迅速、眼神锐利、步伐坚定

整体性格：乐观积极、热情的、果决的、有效率的、冲动的、创新的、话不多、没耐性

情绪表达：易怒

学习态度：挑战“不可能的任务”

需要：独断独行或是当领导者

如何对待：给予肯定及赞赏

人生危机：自负、骄傲、搞破坏、无法控制自己的脾气

人生学习重点：自我控制及崇敬自然

金钱概念：慷慨大方

与生俱来的角色：领导者、冒险家、战斗家

以牙还牙，性格火爆的火相气质

有一个两岁半的小病患，来到诊间以后四处打人，打到连我都觉得太离谱，妈妈连声骂孩子：“你真坏，你好坏！”我其实一点都不觉得孩子坏，只是认为事出必有因。

我问孩子妈妈：“这小女孩在家经常有人打她吗？”

妈妈说："他哥哥就爱打她。我看到哥哥打人，就教训哥哥，让他知道打人会痛，结果哥哥一回头又去打她。现在她长大了，一有不高兴就打人。"

这是孩子有样学样，以暴制暴的结果。

我有个火相的朋友，生了一个同样是火相的女儿。妈妈性子急、动作快，只要孩子一犯错，就是五雷轰顶。小女生喜欢玩妈妈的口红、耳环，妈妈怕女儿碰坏自己的东西，于是伸手就抢。

我起初并不知道她们母女俩的互动模式，有天，恰巧和她们一同出门，看到两岁的小女孩动不动就打妈妈，惊呼怎么会这样？朋友又气又好笑地说："就是啊，这孩子不知道为什么就喜欢对我出手，真是气死人了！"

我反问："你平常是不是都打她？""当然呀，孩子做错事就要管教的嘛！""这么小的孩子能做错什么事呢？""她喜欢涂我的口红，碰我的东西呀！我看她在玩我的口红、香水，就把它们抢过来，她竟然还动手和我抢来抢去，简直造反了！"

哎呀，火爆的妈妈这样子动手，也难怪不甘示弱的火相孩子要和她对干起来。

我对她说："你和她一样，都只有两岁大！你这是在赌气，不是在用脑筋教孩子。下次遇到同样的情形，你就把孩子抱离开现场，转移她的注意力就好了。像这样的火相孩子，一感觉被人欺负，她一定会当场反击的。”

朋友说她这孩子不只是爱打她而已，平常就非常“不受教”。她因为怕孩子破坏，所以自己使用计算机工作的时候，一定会关上房门。这孩子就会在门外拼命搥打、用力踹门，极尽暴力之能事。种种行为让妈妈伤透脑筋，担心这样的女孩子将来怎么管教。我叮咛她，千万不能再打小孩，两个火相的母女打来打去，永远没完没了。

我为朋友分析：“火相的孩子还会反击，不至于把气闷在心里，如果打到土相的孩子，他虽然会默默承受，可是伤痛都埋在心里，可能会恨你一辈子。所以打孩子绝对不是管教的方法。”

意志坚定，目标明确，
不需大人下指导棋的火相孩子

火相气质的人目标明确，意志坚定，只要他想要，就一定要得手。所以火相气质的孩子是不怕困难的孩子，在学业表现上，只要他想考第一，就必定会达成目标；反过来说，当他不想要的时候，硬逼他也是徒劳一场。

火相气质的生命主题曲就是“按照我的方法来做”，他们最常挂在嘴上的就是“走开，换我来”。他们有自信又讲求效率，不能容忍别人的笨手笨脚，

当然要自己亲上火线。

火相的人自信十足，需要旁人对他绝对的信赖，而且不只是放手给他做，还要让他照自己的意思去做，如果想干涉他，他会撒手说："我不干了。"把任务交代给他，你不必多说话，他就会又快又好地达成任务。而就算你有更高明的见解，也要等到他自己开口问，千万不要对他动辄下指导棋，不然他会动怒说："你比较行，那你自己做！"

有个小姐的汽车抛锚，多亏一位路过的先生好心帮忙，费尽九牛二虎之力，让她的车重新发动。这位小姐连声道谢，话都还来不及说完，这位好心的先生竟然掏出钞票要给这位小姐。小姐吓了一跳："是你帮忙我修车，该付钱的是我，怎么会让你来付我钱呢？"这位先生不疾不徐地回答："我刚才修车这么久，你一直都在旁边默默地看，一句话也没有多说，真是太难得了。一般人看我在做事，总喜欢问东问西，还要出一堆意见，真是烦人。所以我要感谢你对我这么信任。"可以见得，这位修车的好心人无疑是火相气质的人。

父母对待火相气质的孩子，要格外给予尊重，只要孩子说他可以，他就一定能想出新的办法来做，大人不要在一旁干涉，更不要试图指挥他用老套的办法，扼杀他创新的能力。

火相的人眼神锐利，永远都在寻找挑战的目标。

他们步伐坚定、行动迅速，无论走路、吃饭、做事都是急惊风，总是给人急匆匆的印象。因为他们已经等不及要去做下一件事，去克服下一个困难，去打赢下一场胜仗，所以说他们是天生的冒险家。

往好的方面看，火相气质的人乐观积极、勇于创新、热情而果决、做事极富效率、具有领导能力；往坏的方面看，他们冲动行事、特别爱突出表现、自我中心强。

给予挑战，
让他们发泄旺盛的精力

火相人的生命是在高速跑道上行进的，先天能量充沛，所以学习又快又好，大人应该多多让他们接受高难度的挑战，否则他们旺盛的精力无处发泄，就会到处搞破坏，欺负别人，当孩子王“率众滋事”。无处表现的他们也不是天生爱做乱搞怪，只是破坏性的事做起来才有挑战性。

火相的孩子很明白自己的长处，所以十分自信，他们可以清楚看见自己的路在何方，并勇往直前。正因为火相的人具有喜欢接受挑战的特质，所以他们最怕没事做，给他们有一点难度的任务，他们就会兴致勃勃地接受挑战，想办法突破以便达成目标，自然就不会因为太闲而惹事生非。对这样的孩子殷殷叮咛、

万般安抚，都不如给他有挑战性的目标来得有效。

认识“火相的崩溃”

火相人的情绪表达方式就是生气。平日的他们没有太多情绪，对小事并不在乎，但一旦事情进展不如预期，他们就会大发雷霆、恣意咆哮，我们称之为“火相的崩溃”。这种时候，旁边的人不要费力去安抚他的情绪，只要赶紧快跑，躲避即将爆发的超级怒火，等他一阵秋风扫落叶之后，一切就又雨过天晴了。

但是另一种“火相的崩溃”，后果就严重多了。尽管火相的孩子自视很高，对外界的眼光却耿耿于怀，如果被人否定，他们会非常受伤，自信心会被摧毁殆尽。

我有一个香港的朋友，小时候参加钢琴比赛夺得了首奖。她得意洋洋地把奖杯捧回家，却遭到妈妈的奚落，说这没什么了不起，比起某某大师，她简直天差地远。妈妈可能是想挫挫小家伙的锐气，不让她太得意忘形，但是她一点也不了解自己女儿这种气质的孩子是不能被打击的。这孩子从此崩溃，再也不愿弹琴了。

所以说，对火相气质的孩子要赏罚公平。当他们付出努力而获得成就的时候，大人要给予肯定和鼓励，因为这是他们应得的。可是称赞这样的孩子一定要发自真心，满口谄媚阿谀只会被他们视为无能的人，对你鄙夷不屑。换句话说，给予真心诚意的肯定及赞赏，是掌握火相人的不二法门。如果你能赢得火相的尊重，那么他可以为你两肋插刀，赴汤蹈火在所不辞。

独断独行的先天领导者

一个班级需要火相气质的孩子去催促其他“散形”的孩子“快一点快一点”，并以火相人为行动的榜样。

火相人的字典中没有“做不到”这三个字，但是他们喜欢独断独行，或是当个登高一呼的领导者，如果不让他们扮演这样的角色，他们就“不玩了”。

很多演说家或宗教家都是火相人，他们脾气超火爆，但是都具有强大的思想力量，能影响并且改变群众的思想。我们可以说，火相与生俱来就拥有强大的自我意识，所以父母不必为他们规划未来，因为他们比谁都更清楚知道自己的下一个目标在哪里。生到这样的孩子，算是父母“福气啦！”

学习崇敬大自然与自我控制，是火相一辈子的功课

火相气质发展得好，会成为充满领袖魅力的佼佼者，但是没有教育好，便会成为目中无人、傲慢无理的狂妄之徒。身为他们的师长，要对他们了如指掌，让他们信服你。因为他们是“实力至上”的拥护者，只听信比自己行的人，高压的打骂教育对他们只会适得其反。

火相人的思考正面，又慷慨大方，具有侠义精神。其形象犹如一盏黑暗中的烛光，可以照亮别人，给予他人温暖，但他们也可以是一把大火，将一切烧得寸草不留。

为了不让这样的孩子走偏锋，大人要教会他们尊重别人，并崇敬大自然的权威。而他们一辈子的功课就是学习尊重，并且自我控制脾气。

跟着感觉走的风相性格

座右铭：我保证，我发誓，下次一定会记得！

生命的主题曲：蓝蓝的天

外观：轻快优雅，长相漂亮出色

整体性格：容易受影响、具有社会性、言行不一、易拖延、警觉而机伶、善变而不定性、娱乐大众的、健谈的、做事草率的

情绪表达：多愁善感、善变

学习态度：三分钟热度、喜新厌旧

需要：最需要陪伴，喜欢玩乐

如何对待：温言和善，尤其不可对其乱发怒或威吓

人生危机：醉生梦死 、一事无成

人生学习重点：适应性及恢复力

金钱概念：不善管理金钱

与生俱来的角色：天生的艺术家

心性像风一样飘忽不定的风相气质

我的哥哥是风相气质的人，从小就听我妈妈用台语念他“走路欠天欠天，做事散形散形，重要的事都不能交代”，这几个字用来形容风相的人真是再传神不过。因为风相的人心绪纷飞，所以十分健忘。我这样一个风相的哥哥，又生了两个风相的孩子，可以想

见我的大嫂有多辛苦了。

有一次，我和哥哥还有他的两个孩子一同去吃饭。饭菜送上来以后，我们让小学六年级的老二去柜台拿筷子。他中途经过别桌的时候，也不知看什么看得分神，竟然忘记自己为什么要去柜台。我哥哥忍不住挥挥手提醒儿子："拿筷子呀！"结果他竟然只拿了一双筷子回来，根本忘了自己该做什么。

我们问他："一共四个人，不是该拿四双吗？"他老兄"喔"的一声，再次要走去柜台的时候，又被电视的声音吸引，忍不住停下脚步，最后还是我哥哥又出声催促，他才想起自己的任务。风相气质的人就是这么的"无头神"。

因为经常没有把目标放在心上，所以他们丢三落四，做事很不牢靠。而每每因为这样捅篓子，他们就会一而再地保证，"我发誓下次不会了""我保证下次绝对记得"。可是我也能够对诸位看官保证，他们下次绝对会再犯，所以他们永远都在"发誓"，在"保证"。

同样是筷子的插曲。我的一位外籍朋友不时会和我一同在外用餐，我准备了两双环保筷，这位三十多岁的风相小姐自告奋勇要代为保管，说我们每次吃饭她就会携带出来，我也欣然将筷子交给她。谁知道后来每一次在餐厅坐定之后，她才突然跳脚："啊，糟糕，我忘了！"接下来，她一定会高举右手，信誓旦旦地保证："我发誓，下一回绝对不会忘记。"就在她一次又一次的保证之下，两年来，这双环保筷我只用过一次，就是我带来交给她的第一次。

由神经系统主导的人，漫不经心最健忘

在风相气质的人眼中，世界上没有大不了的事，所以他们总是心情飞扬、开心自在，他们的主题曲就是"蓝蓝的天"。风相人不论男女生都外型漂亮，走路步伐轻快，甚至还会踮起脚尖轻盈地弹跳，仿佛要腾空飞起一般。

但是他们的轻快与不在乎，会演变成漫不经心，做事草率马虎，说过的话成为转眼云烟，所以让重言诺的其他气质的人，尤其是土相人恨得牙痒痒。

多变又漫不经心，使他们经常不守时、做事没有章法、三心二意缺乏定见。风相气质的人就是这么健忘，因为他们是活在自己的感觉当中，而不是活在清楚的意识里。遇到自律性强的火相父母，或是一丝不苟的土相父母，完全无法理解孩子怎会如此"散形"，这么简单的事情需要大人千叮咛万交代，最后还是不敌他一句"我忘了"，父母能不发火吗?

有鉴于此，华德福教育特别强调从小培养孩子"自我意识"的重要。什么是自我意识呢？举个简单

的实例。

我的女儿是典型的风相气质，每次交代她吃的感冒中药包，被她带到学校晃了一整天，总是又原封不动地带回来。有一回我晚归，在外放心不下，打电话问放学回家的女儿，药喝了没有？可以想见，她当然是“忘记了”。她在电话中满口答应我立刻就去喝，谁知正要热汤药的时候，她想起家中的小狗要吃饭，于是转身去忙小狗的晚餐，又忘了自己的药。直到我晚上十点多回到家，看到药包还留在餐桌上。

唯独有一种药，健忘的女儿绝不会忘记，那就是她自己吵着要吃的减肥药。我为她开的一星期份减肥中药，她总是准时吃完，一天不差，让我啧啧称奇。为什么丢三落四的女儿遇上减肥药就“转性”了呢？很简单，因为“想要和名模一样苗条”的念头深植在她的意识中。当事情进入他们的意识，它就不再是过耳随风的感觉，而会成为必须认真执行的任务。这就是为什么培养孩子的自我意识是如此重要。

开朗的外表下是一颗善感而脆弱的心

风相的人充满了幻想，他们由神经系统主导的人生，总是跟着感觉走，最容易放大感受。所以他们的快乐可以是别人的一百倍，他们的痛苦悲伤也会是别人的一百倍。一点点小事都可能被他们的想象力放大，甚至达到幻想的程度。他们像小鸟一样轻快，却也像小鸟一样警觉，一点风吹草动就会惊扰他们，所以风相的人神经极度紧绷，到了神经质的地步。大人如果没有教好，这种气质类型的孩子将来最容易发生神经系统和精神方面的疾病，像是自律神经失调、精神官能症等。忧郁症的病患就是以风相气质的人为多。

不喜欢劳动的风相人，对需要耗费体力的差事敬谢不敏，非做不可的时候，就点到为止，随便交差了事，是典型的“差不多先生”。如果任随他们发展，而不加以平衡，风相的孩子将来可能会活在梦幻中而一辈子醉生梦死。

三分钟的学习热度，多学而不精

读书是一种定力与耐力的作业，需要相当的自律性，能忍受一再重复的枯燥。可是风相记性差，对周遭的变化又太敏感，样样都想要凑热闹轧一角，就怕错失了什么好玩的。这样的人是坐不住的，所以在传统教育体制下，他们的学习表现普遍不佳，还会因为上课爱讲话，落得个扰乱秩序的罪名。

风相的人聪明伶俐，喜欢新鲜流行的事物，不过因为缺乏自我中心，凡事跟着感觉走，只有三分钟热度，多学而不精，样样通但样样松，容易一事无成。

他们的学习基本上凭借的是直觉与天分，大部分的知识来源都是道听途说，然后凭着小聪明拼凑起来。反正他们是喜欢八卦的包打听，永远不愁没材料。

针对这样的学习特点，大人要注意风相孩子的学习深度，别让他们的学习停留在蜻蜓点水、杂而不精。但是我们也知道风相的孩子只有三分钟的学习热度，想要引导他们深入学习，就要凭借游戏和玩乐的手段，而这是传统的制式教育做不到的。

风相的孩子如果在七岁前接受了太多神经刺激，进入小学以后就会是那个坐不住、调皮捣蛋的破坏王。对没有定性的风相人，师长们不可能期待他们像土相的孩子那样，不动如山地坐在书桌前，所以风相的孩子最容易被说是“注意力不集中”或是“过动”，这一点也往往成为他们的“学习障碍”。这时，父母应该用鼓励代替责备，褒奖他们的一点点好表现，期待他们有进步的空间，让他们在“爱的循循善诱”下稳定成长。

风相的人也会拟定目标，他们运用自己丰富的想象力，构思无边的美梦，想过了以后，就以为自己完成了。他们的实行力是薄弱的，遇到困难很容易放弃，因为困难一点都不好玩，他们当然没有理由死守着目标。这样的行事作风，难怪会被贴上“见异思迁”的标签。所以他们应该常和火相的人在一起，让具有坚定目标和自律性的火相人带领他们向前走。

渴望陪伴，需要爱，
喜欢上演“十八相抱”

渴望陪伴和关爱的特质，让风相的孩子从还在襁褓中时就特别需要拥抱，到了十七八岁还要“妈妈抱抱”，这也要抱，那也要抱，我就戏称他们老是上演拥抱不完的“十八相抱”。大人千万不要拒绝他们的拥抱，因为这能安定他们的神经，满足他们的情感需要。

身为风相孩子的父母，必须要时时从旁监督。不过“监督”绝不是唠叨，更不能打骂。风相的人非常敏感，需要旁人不断给予鼓励和肯定，让他们对自己有信心。更因为他们的情感丰富，对爱的需求也更强烈，所以父母一定不要吝惜表现对他们的关爱。

风相孩子的父母必须具备“给予爱”的特质。台湾的父母尽管爱孩子，却往往吝于表达，或不知如何表达。我在诊间看过不少青春期的孩子，抱怨爸妈不爱他们。其实他们的父母也是我的病人，我当然知道他们对孩子无怨无悔地付出，但是他们的付出竟无法让孩子感受到，只能说这是大人的表达和做法有问题。想要让孩子感受到大人的爱，必须用孩子能懂的方式去表达。

像是求好心切的火相父母，可能会毫不留情地批评孩子；讲究缜密思考的土相父母，会一条条列举孩子的缺点，这些都会刺伤敏感的风相孩子。

风相人道德感强烈，虽然为人宽容、不记恨小事，但如果对他们刻薄、威吓，伤害他们太深，他们也会以其人之道还治其人之身。何况他们又是如此纤细敏感，经不起大人粗暴无理的对待。像他们这种有艺术家特质的孩子情感丰富、很容易受感动，所以父母要用爱来感动他们，让他们愿意接受大人的引导。

一辈子要学习适应力及复原力

对于记性不好的风相孩子，大人的侧重点不是要让他们学会细心谨慎、长记性，因为他们一辈子也不可能像土相气质的人那么老成持重，像火相气质的人那么一以贯之，或是像水相气质的人那般深度钻研。他们真正要学习的，是适应力与恢复力。因为在他们的一生中，要经历比别人更多的善感多愁。

这倒不是说他们天生命运坎坷，而是习惯放大情绪的特性，会令他们把一点点的感伤或痛苦扩大，所以他们需要比别人更强大的恢复力，才能从痛苦的情绪中走出来。

与人广结善缘，总是众人的开心果

嘴甜、好人缘让风相在社会上总是吃得开，能与人一见如故，有他们在就有欢笑。他们三教九流来者不拒，所以永远不缺朋友。但是也因为易受外在变化的影响而波动，让风相的人没有定性。

这种个性让风相的孩子无法安定下来寒窗苦读，不过父母也不必太担心他们的学业表现不够出色，因为风相的孩子有丰富的情感、活泼的思想和灵活的学习能力，是天生的艺术家，也很适合在表演工作上不断发挥。他们听了一则故事以后，可以用完全不同的词汇和表现方式把故事重说一遍，说得比原来的版本更精彩，好像故事就发生在自己身上一样。尤其，他们又擅于搞笑、娱乐大众。舞台效果总是夸张的，而夸张正是他们的特长。

我的风相女儿看到我的结婚照，瞪大眼睛说："天啊，好厚的粉，起码有一公分！"儿子是实事求是的水相，读国小的他在一旁纠正姐姐说："哪有，再厚也不到0.1公分。"

风相人习惯用最夸张的词汇说话，像是吃了一点好吃的，就形容是"全世界最好吃"；网络上抢标没买到手，就说自己"心痛到要死掉"；看到小区有三台摄影机，就说看到上千台摄影机在监视自己的举动。

他们的思考是图像式的，充满诗人的特质，所以和他们沟通的时候，也要懂得解读图像式的语言。例如，我的女儿有一次摸着前额说不舒服，我问她是怎样的不舒服，她说："有一团乌云在里面，而且乌云是钻石形的。”我帮她按摩了一会儿，她满意地说：“呵，钻石少掉一半了。”还有一天，她肚子不舒服，我照例问她的感觉，她说：“里面好像有一个气球，吹得很大，还用一条红色的线绑得很紧。”说穿了，这就是腹胀，红色的线表示有热热的温度，也就是胃在发炎。这么大的孩子，已经可以用“胀”和“发热”来表达，偏偏她要用“吹得很大的气球”和“红色的线”来形容，我们只能说风相的语言实在有意思。

凡事等一下的水相性格

座右铭：明天再做吧！

生命的主题曲：家，甜蜜的家！

外观：步伐迟缓而摇晃，表情安详柔和

整体性格：沉着谨慎、外表冷漠、事不关己的、保守的、和事佬、沉默寡言、犹豫不决、富有耐心的

情绪表达：不表达

学习态度：抗拒新事物、不主动、讲究质量

需要：内在的平静，不想被打扰

如何对待：给予足够的时间及空间，愿意等待

人生危机：呆板、冷漠又乏味，易染上成瘾疾病

人生学习重点：多与外界接触

金钱概念：收支平衡

与生俱来的角色：天生的美食家 、古董收藏家

温温吞吞，
不形于色的水相气质

水在水相气质者的生命体当中所占比例最多，各位不妨想象大海，表面平静无波，底下却暗潮汹涌。同样的，水相气质的人表情总是平和安详，其实内在有很多的想法，却不会形于色。

前面提到的火相和风相孩子，对父母的教养都是很大的挑战，什么调皮捣蛋、为恶作乱都是他们，相较之下，水相和土相的孩子则是乖宝宝。他们安静沉稳、循规蹈矩，就是台湾大人口中的“乖孩子”。至于“乖”是不是就好呢？那可不尽然，只能说乖的孩子带起来较为轻松，与父母师长比较没有台面上的冲突。

水相的孩子总是一派温温的、懒懒的样子，没有任何的侵犯性，让大人都不好拒绝他们的请求。他们虽然不容易和父母起激烈冲突，但光是一个“拖”字诀，就绝对可以打败父母，尤其是火相的大人会被他们气到“内伤”。

永远的慢郎中

水相孩子最大的特征，就是动作慢。他们的人生是用慢动作进行的，尤其当事情对他们缺乏诱因的时候，他们就开始施展一流的拖功。

急惊风的火相父母遇到慢郎中的水相孩子，生活就成了永无止境的折磨。光是一早叫孩子起床，双方就有得斗了。火相的妈妈一定要立刻把孩子从床上挖起来，但是对水相的孩子来说，人生没有“立刻”这回事，所以两人一早就要杠上。其实，对付水相孩子的“拖功”是有方法的。

大人可以问他：“你还要几分钟起床？”让他亲

口答应时间。如果他说“十分钟”，大人即使三分钟后叫他，也算给了他缓冲时间，他已经感受到父母给他的空间和对他的尊重，哪怕再不情愿也会乖乖起床。

水相孩子的口头禅绝对是“等一下”，火相的妈妈沉不住气，命令说：“不行，现在就去！”小孩觉得没有受到尊重，就开始发脾气。水相一发脾气，可以像植物似的一待两小时动也不动。这么一来，还要等他几个小时以后气消，反而更延误时间，什么事都做不成了。

当孩子说“等一下”的时候，妈妈可以让他自己说要等多久，也许给个五分钟、十分钟的缓冲时间，孩子就肯行动了。

寄情于内在世界的宅男宅女

人体有七成是水，水相气质的人对体内的水感受特别强烈，尤其是胃里的消化液。对什么事都兴趣缺缺的他们，唯独钟情于美食，对食物天生的好品味，让他们能品尝出口味上的些微差异。想要说服恋家的他们出门比登天还难，但是只要诱之以美食，他们就会动心。因为对美食着迷，所以他们多半体形圆滚，尤其是有个大肚腩。他们也是天生的收藏家，欣赏古典精品，特别讲究质量。

水相气质的孩子时时充满内在的幸福感，总觉得自己与世无争。因为太享受内在的舒适，所以他们对外界漠不关心，最具备“宅男”“宅女”的潜力，可以一整天关在房里上网、看漫画，或是抱着一堆垃圾食品瘫坐在电视机前，像棵植物一样一天过一天。

他们十分衷情舒适的感觉，很喜欢赖在床上，享受被窝的温暖与柔软和这一份慵懒的情调，所以家永远是他们的最爱。

习惯思前想后，行事犹豫不决

因为习惯于缓慢的步伐，行事又讲求谨慎，所以他们要花很多时间下决定，从而显得凡事犹豫不决。这和风相的三心二意，这个也好，那个也不错，什么都想要是不一样的。水相人就是要找出一个最适切的，所以思前想后，总是琢磨老半天。

我有个外国来的朋友，喜欢收藏艺术品，我陪她去看了一位陶艺家做的壶。朋友看上两只，简直爱不释手，可是她的预算只能买一只，于是她坐了一整个下午，足足考虑了四个钟头，始终无法割舍。我看她继续坐下去也不会有结果，就建议她先回去想想，明天早上再过来。不料第二天面对那两只壶，她又重新陷入迷惘，一切从头来过。我在旁边看得心急如焚，她却一点都不为所动，完全陷入在自己的世界里。但是旁人再急也不能为她出主意，因为水相人的审美观和其他气质的人不同。他们不求新奇流行，但求质感和经久的古典美。如果你和他们的美感相去太远，你的建议只会令他们的思考更加混乱而无法下决心。

也因为行事保守谨慎，他们不时兴“心血来潮”这回事。想带他们去哪里玩，一定要老早前告知，让他们有充分的心理准备，否则必定会被他们一口回绝，让父母感觉自讨没趣。

表达含蓄，
父母要看懂他们的反应

水相人表面呆板无趣，有点笨拙而不起眼，和风向的表情丰富、抢眼突出形成截然的对比。但是你可别看他们平常安安静静，好像只会发呆，其实脑子里想得很多，只是不会说出口。基本上他们是不表达的，任何人想要探他们的口风都是白费工夫。

和平主义的水相孩子对伤害性的言论非常敏感，别人的话语即使伤了他们，他们也不会起而捍卫自己，最多就是默默走开。这一点和风相正好相反。风相的情绪表达夸张而强烈，水相的孩子却一直在压抑他们的情绪反应，所以父母要将水相孩子的情绪表达乘以一百倍，才是他们内心的真实感受。

水相孩子受了别人的欺负，问他难不难过，他会说“还好”；看他身体不舒服，问他要不要紧，他说“没关系”；问他今天在学校好不好玩，他说“没什么”；想让他再多说一点，逗他说，“想想嘛，一定有什么不一样的”，他会慢条斯理地告诉你“喔，没什么好说的”。

我的儿子是水相气质，我能清楚感受到他的表达方式和我风相气质的女儿天差地远。记得有一天早上，他躺在床上动也不动，眼看上学快迟到了，催了几次他都不吭声。问他是不是身体不舒服，他说“还好”。看他依然不为所动，我试着引导他：“如果身体不舒服，我们就请假一天好不好？”他说：“不知道。”

“不知道的话，妈妈替你决定好不好？”他应声说：“随便。”我于是再说：“那去上学好不好？”

儿子不说话了。

水相气质的人不回答，通常就表示拒绝，我想要再次确认，就问他说：“我们不要去上学，在家休息好吗？”他这才说“好”。

就这样，我决定让他在家休息一天。才不过半个钟头左右，儿子就开始呕吐、拉肚子，可见他是真的生病了，感到很难过。可是尽管这么不舒服，已经国小五年级、有足够表达能力的他，仍然只有“还好啦”“随便”“喔”寥寥几个字，让人感觉似乎一切正常，因而容易忽略他的需要。父母如果没有读懂水相孩子的反应，就常常会误判。

正因为这样，父母教导水相的孩子，也必须引导他们的意识成长，让他们学习自我表达。

被动、怕生又拒绝新事物

水相人的学习态度是被动的，他们怕生、不爱求新，甚至抗拒新事物，遇到困难也容易退缩。父母要让他们面对改变的时候，必须事先告知，给他们心理准备的时间，并陪伴他们进入新状态。特别是遇到困难的时候，大人要引导他们度过难关，坚持下去，否则他们就会逃避、不愿再前进。

这一点和愈挫愈勇、不断接受挑战的火相气质正好相反。所以火相父母对这样被动退缩的孩子，可能会“恨铁不成钢”。偏偏他们最喜欢内在的平静，不喜欢被打扰，所以火相父母的唠叨和催促，风相父母的求新求变，对他们来说都是干扰。

不像火相的孩子具有攻击性，风相的孩子爱调皮，水相的孩子安安静静，不会去打扰别人，也不希望别人打扰自己。父母要尊重他们的需要，给予行动缓慢的水相孩子足够的时间和空间。

水相孩子讲究的是学习质量，他们不求快，也不喜欢冒险和八卦闲聊，所以会本分地完成师长交代的功课，交出质量良好的作业。

父母不能让水相的孩子单独长大，必须给予他们和各种气质玩伴接触的机会。他们对其他孩子玩些什么游戏或许不在意，却会对大家的反应很感兴趣，这样的刺激能带给他们学习和体验。所以父母要多多鼓励水相的孩子和同学在一起，千万别阻止他们参与同侪活动，否则他们日后就会成为终日躲在家中的宅男宅女。

缺乏良性刺激的水相人会成为
愚蠢又枯燥乏味的成瘾者

水相的孩子是不具备领导能力的，除非他的第二特质是火相。不过水相人会是很好的员工，他们忠心耿耿不搞怪，稳定度奇佳，上司只要给个时间表，把工作交代下去，他们就会尽心达成使命。只是上司不能给他们压力，否则他们宁可辞职不干。

水相孩子对外界总表现得漠不关心，好像和这个世界没有关系。如果没有教好，他们将来会变得冷漠、与世界脱节，凡事不愿参与也提不起兴趣，成为一个愚蠢又枯燥乏味的人。所以培养水相的孩子，一定要让他们广交朋友，有多一点来自不同家庭、不同兴趣的友伴，让其他热情的小朋友燃起他们对外界的好奇，带领他们进入世界，不要让他们把自己关在个人的一方天地与世隔绝。

此外，贪图安逸的水相人一心追求享受的舒适感，对不喜欢的事避之唯恐不及，但是对能够带给自己舒适感的事物，他们会一做再做，欲罢不能。万一迷恋上负面的事情，这种行为就叫做“成瘾”，例如上网。容易沉迷网络的人，以水相居多。

我朋友的先生是水相人，因为工作压力大，每晚喜欢喝高粱酒纾压。喝酒的时候，不忘切一盘猪头皮下酒，而且天天如此，连戒也不想戒。他的理由很妙，竟然说：“我又没有成瘾。”火相气质的太太不明白，为什么先生明知自己肝不好，还天天喝烈酒，吃高油脂的下酒菜？对自觉性极高的火相人来说，不该做的事就要说停就停，但是水相人是缺乏自觉意识，而且不愿意改变的。

我水相气质的儿子小学六年级的时候，有一阵子迷上了数学四则运算，每天算到深夜还不肯睡，一大清早起床又开始算不停。这样日拼夜忙，我们还以为这是老师指定的功课。结果，他就是喜欢解题的快感，所以停不下来，这也是一种成瘾现象。

对这样沉迷于快感的孩子，父母尤其要强化他们的自觉意识，否则容易沾染上不好的成瘾习气。

友善的倾听者，最佳的和事佬

水相气质的人比较缺乏想象力和创造力，不过他们是绝佳的倾听者，在别人遭遇困难的时候，能给予很好的建议。尤其当火爆的火相杠上顽固的土相时，完全没有攻击性的水相是最佳的和事佬，何况他们非常有耐性，愿意倾听别人的抱怨和痛苦，也不随便发表意见。只是，在你对他们有所求的时候，记得准备一桌好料。他们面对美食时，会变得聪明又有趣，能够完全发挥自己的特长，扮演好和事佬的角色。

人生即苦海的土相性格

座右铭：生命是真实严肃的
生命的主题曲：昨日
外观：步伐沉重且小心翼翼，眼神透露出担忧与不安
整体性格：悲观焦虑、自我中心、小心计划、心软而易动情、固执、富有奉献精神、沉默含蓄、坚忍
情绪表达：喜怒无常
学习态度：按部就班慢慢来
需要：内在的自我中心不能被挑战
如何对待：需要受注意与被关心
人生危机：迷恋于无尽的担忧与悲伤
人生学习重点：转化自我中心成为无私的奉献
金钱概念：节俭
与生俱来的角色：天生的慈善家

自认为承担着人世间所有苦难的土相人

由固体所主导的土相气质，思想是比较僵化而沉重的。土相的人自认为承担着人世间所有的苦难。他们没有火相坚定的目标意识，缺乏风相活泼的生命力，也不具备水相的幸福感，所以生命只剩下“痛苦”。“人生即苦海”这句话就是土相人说的。

火相人认为人生就是挑战，风相人认为人生是一场游戏，水相人认为人生来是为享受舒适，而土相人却认为人生是无边苦海。他们不会往前看，只想着昨天的种种不美好，却不去想明天可能会更好。

与生俱来的负面思考，让他们悲观而焦虑，又因为行事僵化没有弹性，所以他们十分自我中心，并且不容易被说服。这样的孩子需要具有丰富生命历练的师长，特别是有过痛苦经验和生命磨难的长辈来带领。过来人的经验能说服土相的孩子，让他们相信自己的痛苦能被师长所理解，从而产生信任感。

土相人的脚步是沉重的，和水相慢条斯理的沉稳不同，他们因为精神负担沉重，所以步伐难以轻盈，走起路来仿佛要踩进地板里，又好像世界行将崩裂。他们眼里的忧虑与不安，说明他们的心灵时刻承受着煎熬。

内在的自我中心不能被挑战

土相人是悲天悯人而容易动情的，听到别人的不幸就会掉下眼泪。这么善良而具有同情心的人，却又是固执而自我中心的。

火相和土相的人都有强烈的自我中心。不过火相的自我中心是因为他们自视甚高，但是遇到比他们更行的人，他们愿意放下骄傲的自我甘拜下风。可是土相气质的自我中心是固执不容挑战的，特别是在宗教或政治立场上，千万不要想和他们争个是非，因为土相认为自己是宇宙的中心，不可能改变，如果有人和自己的想法不同，那绝对是那个人的错。他们非但不可能因而调整自己的观点，反而会从此和那人一刀两段，拒绝接他的电话，再也不见他。

我一个朋友出嫁的大姐是土相气质的人，她们的妈妈过世的时候，几个孩子为了采用哪一种宗教的告别仪式而起争执。我的朋友比较坚持，触怒了大姐，大姐认为自己没有受到尊重，于是再也不回家。直到告别式当天，身为大女儿的她非出席不可才露面，但这也是她最后一次出现在家人面前。从告别式到现在已经三年，她从未再和弟弟妹妹联络，也没有再关心过娘家的人。所有的人都不能理解，为什么平素乐善好施的大姐，只因为告别式的仪式不如她的预期，就把娘家人全部拒于自己的大门外。殊不知，这就是土相人的自我中心受到挑战的后果。

亲姐妹尚且如此，不难想象得罪土相的朋友，会是何等下场。他们的六亲不认，也让其他气质的人又惊又怕。

土相自我中心的表现方式之一，就是操控别人。土相的操控不同于火相的大声咆哮，因为他们表面是沉默的，所以运用的手段也是不着痕迹而且高明的。他们的掌控欲，对风相的人而言绝对是个大灾难。因为风相的孩子是不能被操控的，如果他们刚好有个土相的父母，自由不羁的风相就会被过度压抑。本书在前面《导读一 你这样教孩子吗？》里提到一位四十岁的忧郁症男性病患。风相的他就是受到土相母亲的强力操控，造成挥之不去的情绪障碍，而必须长年且天天吞服十五颗安眠药才能入睡。

自认为全世界的人都不了解自己

也许是早已认定人生就是一场苦难，所以土相人十分认命，可以忍受恶劣的环境，不计较物质享受。

可是另一方面，过度的杞人忧天让他们认为其他人都不牢靠，加上思考没有弹性、主观意识又强，因此会不断抱怨、发牢骚，这是其他气质的人无法忍受的，所以和土相人相处并不容易。特别是和他们个性相反的人，会觉得他们简直是不可理喻、无法沟通。而也许是承受了很多痛苦，又认为别人都不能理解自己，所以他们总显得喜怒无常。

为了激励心情低落的土相孩子，火相的妈妈可能会鼓励他说：“别担心，明天一定会更好。”风相的妈妈会说：“别放在心上，我们出去玩一玩就没事了！”这两种安慰法对土相的孩子一点都不管用。

当他们又沉浸在自己的“苦海”中无法自拔时，旁人千万不能否定他们的感受，说什么“这不过是微不足道的小事嘛”“简直是庸人自扰”，反而要说一些自己或其他人经历过的更悲惨的遭遇，告诉他们：“你这样就痛苦吗？我告诉你还有更凄惨的……”

要让土相的孩子多多经验他人的命运，使他们知道有太多人的痛苦远远超乎自己。对于悲天悯人的土相人来说，听到有人活得比自己更痛苦，他们的慈悲之心会油然而生，把注意力转移到比自己更需要关照的人身上，也就顾不得自己的痛了。

父母要懂得适时拉土相的孩子一把，将他们从痛苦的泥淖中解救出来。不要对他们说：“这样就很好啦，下次一定会更进步的。”这话只能对火相的孩子说，因为火相人的情绪转换很快，可是土相往往无法从一个情绪中轻易解脱出来。所以父母只好用更叫人掉泪的事，帮助土相的孩子离开自己的情绪。

困住自我的土相人

土相人外表温和，富有耐心和爱心，可是他们内心对凡事早有定见，却不会说出口，只是闷着头照自己的方法做下去。他们做任何事情都需要缜密而小心的计划，冲动的行为、没有计划的边做边想，在他们看来简直是胡闹。然而，要他们跨出第一步是如此的困难。

我一位男性医师友人是土相性格。有一次，我们接到一份医学讲习的招生简章，我问他要不要去上课，他说：“是有点想啦，不过地点在台北，蛮远的。”

我说：“没关系呀，我可以帮你订车票。”“可是还得找地方住。”“那有什么困难，我也可以帮你订饭店。你只管出席上课就行了。”“可是学费要六千块呢！也不知道会不会被骗，去了以后说不定一点收获也没有。”火相的我认为不入虎穴焉得虎子，所以理所当然地回说：“你不去，怎么知道能不能有收获呢？”

一连串的“可是”，让他沉吟了半天，最后的决定是——我还是不要去了。

火相的人勇往直前，为了达成目标，可以排除万难。但是土相的人会找千百个理由，为自己树立行动的障碍。如果不了解这样的先天差异，不能互相包容，这两种鸡同鸭讲的气质，注定会“土火不容”。

渴求安全感，
学习是聚沙成塔的累积

土相的人缺乏安全感，害怕变化，所以他们的学习态度是一点一滴逐渐累积。一口气给太多，他们会陷入慌乱。

很少对父母开金口提出要求的土相孩子，内心其实渴求安全感，非常需要大人的关心。而且大人的

关心一定要表现在细节上，因为他们最讲究细枝末节了。夸赞他们的一些小细节，会让他们认为你是真的了解他们，这对他们十分受用。

自以为是宇宙的中心又杞人忧天的土相人，总是会强烈意识到痛苦的感觉，所以一直试图从世界撤退，不想被人世间的纷扰所苦，因此他们是消极出世的。这和火相不断投入世界的积极入世正好相反。

其实土相所担忧的事情，在其他气质的人看来，也许只要一步就可以轻易跨过，但他们是如此倔强，宁可沉缅在内心的自我交战，也不愿接受其他人的建议，因为他们认为“别人都不懂我”。

想要和这么顽固的土相人相处，必须要掌握技巧，知道用什么方法可以感动他们，才能说服他们。适当的示弱，动之以情，激发他们的同情心，事情往往可以如你所愿。

无私奉献的工作，
能将土相内在的自我中心转化为
心灵上的“救赎”

父母如果能成功转化土相孩子的自我中心，鼓励他们充分展现慈悲的天性，土相人就会成为愿意为大众牺牲奉献的慈善家。他们的痛苦成就了世间许多伟大的善行，像医院里的护士工作，若非土相的人是承受不来的。土相人对周遭环境的不舒适有极高的忍耐力，与不喜劳力工作的风相人，及喜欢舒适感的水相人比较起来，土相人真的是非常刻苦耐劳。医生虽然也要天天面对病患，但是工作的自主性比较强，护士则往往是被动地接受指令，挑战性较低，却必须一而再地重复令人痛苦的工作，这绝非常人所能忍受。

还有牧师、社会工作者等，这些人必须有无私奉献的热忱，才能胜任他们的角色。也正是这样的工作特性，可以帮助他们将内在的自我中心，转化为心灵上的“救赎”。

第三章
常见的教养疑难与解答

没有玩够的后遗症：
注意力不集中、过动、肢体暴力
未建立正确人我界线的后遗症：
欺负与被欺负
不适当使用退烧药的后遗症：
发育迟缓、免疫疾病、皮肤病
缺乏情感教育的后遗症：
厌世轻生
填鸭式教育的后遗症：
弯腰驼背

常见的教养疑难与解答

没有玩够的后遗症：
注意力不集中、过动、肢体暴力

七岁前的孩子天性好动，错失这个学习使用身体的阶段，孩子将来容易“错用”身体，喜欢诉诸肢体暴力，或是身体无法安定下来，经常抖动不停，这些都是不知道如何自我控制身体，导致无法让身体为自己所用的结果。

未建立正确人我界线的后遗症：
欺负与被欺负

大人硬生生摧毁孩子的人我界线，孩子将不懂护卫自己的权益，即使受到欺负，也不知道应该反抗。他们会一退再退，直到无路可退，自己就生病了。

不适当使用退烧药的后遗症：发育迟缓、免疫疾病、皮肤病

中医有所谓的“变蒸”，指的是七岁前的孩子，每隔一段时间就会莫名发烧，这其实是在进行身心蜕变的能量转换。他们发烧后会突然长高，有如“蒸包子”一样，加点热就膨胀起来，每烧一次就长大一些。

缺乏情感教育的后遗症：厌世轻生

就算是头脑再好的人，也不能没有情感而独活。过分强调智力发展，会让身体的知觉僵化，最后把自己逼到绝境。当天才的父母或许风光，可是儿女健康才是福分。唯有健康快乐的孩子可以不断往前学习，这个福分至少是几代人都可以享用的。

填鸭式教育的后遗症：弯腰驼背

正如弯腰驼背透露出来的肢体语言——缺乏自信，孩子对自己的能力没有信心，因为他们从来没有自己想出一个东西，在学习上缺乏成就感。若没有真正内化的思想力量，孩子即使功课再好，依旧会像是枯萎的花朵般垂头丧气。

没有玩够的后遗症：
注意力不集中、过动、肢体暴力

很多父母师长抱怨孩子上课不能集中注意力、躁动不安，这有很大部分原因是孩子七岁前“没有玩够”。

目前台湾的教育，基本上是不教孩子如何使用身体的。他们从小就坐在电视机前，被动地接受声光刺激，比较“认真”的父母还会送孩子接受“零岁教育”，让孩子坐在教室里学习数学操作，不断刺激大脑，却没让身体有充分活动的机会。错失这个学习使用身体的阶段，孩子将来容易“错用”身体，喜欢诉诸肢体暴力，或是身体无法安定下来，经常抖动不停。这些都是不知道如何自我控制身体，导致无法让身体为自己所用的结果。

不给孩子“用身体”的结果

相信很多父母都注意到一个有趣的现象：如果不让小孩看电视，他们会不停调皮捣蛋，动来动去坐不住；可是只要一打开电视，孩子就会立刻安静下来，坐在电视屏幕前动也不动。电视也因此成为不少大人安抚孩子的法宝，打开电视就可以换来大人的耳根清静，和不受孩子打扰的好时光。

只是大人千万别忽略了，好动是孩子的天性，不动才是违反常态的怪象。不让孩子动已经不正常，关掉电视，孩子还要吵闹，可见孩子的意识如何受到声光的控制。

学龄前儿童透过游戏时的肢体活动间接刺激脑部神经发达，和在课堂上直接给予他们知识去刺激大脑，结果是不同的。后者因为不让孩子充分使用肢体，会造成孩子的过动。七岁前玩够的孩子，能养成“由我控制身体”的本能，而不是放任“身体控制我”。

暴力犯罪就是放任身体控制个人意志的典型。暴力犯罪在高等教育普及的今天，为什么不减反增？难道动辄十二年以上的教育熏陶愈来愈不敌食色性的兽性本能吗？一味从“道德教育”来检讨，对改善问题的帮助是很有限的。

说穿了，正因为教育普及，家长对孩子的期待愈来愈高，所以在孩子很小的时候，就给了太多不该给的东西，把他们关在教室里学习知识，给他们看电视、喝牛奶、吃牛肉，把孩子养出了大问题。

该给的不给，不该给的给太多，把孩子养出大问题

母乳的蛋白质含量只有1.5%，而牛奶的蛋白质含量是它的好几倍。小宝宝的肠胃直到三岁前都尚未发展出高蛋白分解酵素，在他们的身体尚未准备好的时

候就给他们喝牛奶，接着又喂食鱼啊肉啊等高蛋白副食品，会造成消化代谢不全的毒素在宝宝体内累积，最后不得不从皮肤、黏膜排出，形成各种过敏症状。

所以三岁前的孩子基本上应该吃素，最好能吃到九岁，等到肠胃“准备”好了，再适当加入荤食，这样可以避免很多不必要的过敏病痛。

小宝宝由坐起来、爬行，到站起身、学走路，过程中其实都不需要大人的协助，大人也不应该给予不必要的帮助。没事拉他一下、扶他一把、助他一臂之力，其实都是在剥夺孩子宝贵的内在经验。

大家看过本来只会爬行的小宝宝，终于自己学会站起来的那一刻，是多么的欢欣雀跃吗？这是他在经验内在成功的喜悦，也是自信的开始。大人可千万不要硬将他立起来，摧毁他享受自信的宝贵经验。

此外，幼儿一定要远离奇异笔、塑料玩具等化学物质污染。据统计，目前世界上存在八万多种化学物质，它们在空气中不停散发各种化学成分，孩子吸入之后，容易变得神经紧张，严重的情形下会造成孩子过动。现在的孩子普遍比较神经质，这和环境中充斥太多化学物质的污染有关。

大人平均每九秒钟，就对孩子说一次“不可以”

宝宝到处爬，喜欢探索世界，没事就把东西塞进嘴巴里，这时候我们会听到大人成天对他们喊“不可以”！平均算一下，孩子大概每九秒钟就会听到一句“不可以”。说者无心，却是在剥夺孩子与世界的互动。大人要做的，不是追着孩子天涯海角地直喊“不可以”，而是要把他的周遭布置成“可以”的环境。只要是在孩子身边，让他抓得到、咬得到的东西，必须都是安全、可以放进嘴巴而不危险的。

华德福学校一直叮咛家长要给孩子天然的东西，也确实是这么做的，包括孩子玩的都是地上捡回来的球果、简单的木头等等。天然的素材能远离化学污染，并建立起孩子与大自然的连结。

影响情感最大的两个因素，
一个是爱，一个是恐惧

人是带着恐惧来到世上的，面对不可知的未来，就连大人都会感到害怕。而对身上一无所有的孩子来说，父母给他们什么，他们就有什么。给他们爱，他们就有了爱；父母没有给他们爱，他们就只剩下恐惧，不知道自己又会因为做错什么而被责罚，所以唯有爱才能使孩子克服与生俱来的恐惧。

害怕的时候，人是手脚发冷的，恐惧就是一种冰冷没有温暖的感觉；而人在洋溢幸福快乐的时候，全

身是暖烘烘的。大家遇到感动的事，不都说“心里感到一股暖流”吗?

爱在身体里是温暖的能量，能活络血液循环，让身体健康；而恐惧会造成血管收缩、肌肉僵硬，使人生病。所以千万不要去喝斥孩子、恐吓孩子。

诊间常有一些妈妈带着稚龄孩子一起来看诊。她们在接受我的针灸治疗时，因为怕孩子碰到自己身上的针，便会恐吓孩子：“你别动我的针喔，你如果动它，我等一下就叫医生拿针扎你！”

类似这样的恐吓教育最要不得。正确的方法是对孩子实话实说，陈述大人的感觉：“妈妈针灸本来是不怎么痛的，但是你如果碰到我身上的针，那我会很痛很痛喔！”透过表达你的感觉，启发孩子也去感受自己的感觉，将来孩子就会懂得如何向人表达自己的感受。

未建立正确人我界线的后遗症：欺负与被欺负

孩子从出生到七岁，生命力完全用在充实肉体，一眠大一寸。这段时期也是神经系统长成与发达的时候，所以孩子的敏感度非常高。他们先发展神经系统来感知这个世界，因而感官完全受到外在声音、环境、光线变化的影响。这也就是为什么大人对孩子说话要和颜悦色、柔声慢语，否则很容易造成孩子情绪上的焦虑紧张。在孩子发展物质体的阶段，大人高亢的语调和说话快速的压力，会影响孩子将来精神体的发展。

为了让孩子能全心发育好肉体，为长远的未来打下坚实的基础，人生最初的七年没有必要让孩子学习记忆与思考。这期间反倒是有一项重要工作，最容易被大人忽略，就是帮助孩子形成“界线”。

强迫孩子分享，种下欺负与被欺负的恶果

“界线”是“我”和“他人”的分别，有了这一道“界线”，可以帮助孩子懂得自我保护，将来在学校才不会被人欺负，未来出了社会才不会让人对自己得寸进尺。界线没有形成，是会造成身心疾病的。

举例来说，三四岁的孩子一起玩，有人想要拿你们家孩子的玩具，你的孩子会怎么说呢？“这是我的，你不可以拿！”一听到孩子这么说，大人都会骂孩子：“你怎么这么小气！”殊不知这时候的孩子正在形成“我”的概念，逐渐认识到什么是自己所有，意识到“我的是我的，如果我不愿意，没有人可以拿走它”。大人为了表现自己的慷慨大度，强迫孩子与他人分享自己的玩具或食物，无疑是在破坏孩子与他人的界线，这会造成什么样的后果呢？

不敢对婆婆说“不”的忧郁症媳妇

我的一名患者W太太，十年来完全未曾改变自己的生活作息和饮食，却莫名地胖了十公斤，还罹患忧郁症，追究原因之后，才知道问题就出在同住一个屋檐下的婆婆。W太太的婆婆很跋扈，媳妇在自己房间看电视的时候，婆婆常冷不防地出现，说她现在就想待在这里，所以要媳妇先出去。

W太太面临这样无礼的对待，却只是敢怒不敢言，她没有勇气对婆婆说：“对不起，这是我的房间，你想进来可以，但是我还想继续留在这里！”

她害怕自己的婆婆，一想到婆婆就全身发抖。我们可以想象一下：一个婆婆恶形恶状地逼近媳妇，媳妇节节败退，不敢对她的婆婆说：“你只能到这里，我不会再退了！”

不敢画出界线，让W太太分秒都处在极度的恐惧压力中，压力造成她内分泌失调，让她不断地发胖。

还有一位罹患焦虑症的女病患，婚后和先生同住公寓。夫家的人感情非常好，每个人都有一把他们家的钥匙，随时都可以不请自来。这位病患从此生活在恐惧中，不要说白天，甚至连半夜都会有人登堂入室。这样的生活虽然已经造成她很大的压力，她却无法提出抗议，要求先生将所有的钥匙收回。

病人之所以不敢据理争取自己的权利，就是因为心中没有形成良好的“人我界线”，这是从小未能受到正确对待的缘故。当孩子不断告诉别人说“这是我的”，试图筑起“界线”的时候，大人却从他手上抢走东西，还说“跟别人分享有什么关系”，硬生生将他的界线摧毁，孩子长大以后，就会变得不懂捍卫自己的权利。

有些“滥好人”，对别人的请托总是来者不拒，把自己忙得疲累不堪，就是因为缺乏“人我界线”，导致生活和健康都受连累。这样的人即使受到欺负，也不知道应该反抗，他们会一退再退，直到无路可退，自己就生病了。所以父母一定要为孩子建立明确的人我界线，让孩子知道如何自我保护，感觉被侵犯的时候勇于拒绝。

妈妈越界，孩子也不懂得尊重

我的孩子有个同学，姑且称为A同学。他是家中的独子，集三千宠爱于一身，自然不用说父母是如何将他疼到心坎里。有一回大伙儿一起出去玩，妈妈把孩子抱在腿上，她越看孩子越可爱，忍不住用手去摸摸他、逗弄他。一开始两人还玩得很高兴，后来妈妈欲罢不能，越逗越过火，变成用手捏孩子的小脸颊。孩子觉得不好受，拒绝说："不要啦！"妈妈抗议："玩一下有什么关系！"孩子说："我不舒服啦！"妈妈也生气了："才一下下而已，这么小气！"她坚持玩下去，最后闹到母子反目，从一开始高高兴兴的游戏，变成翻脸赌气。旁人看在眼里，感觉就像两个三岁小孩的互动。三岁小孩一起玩，玩到后来常常是吵架收场，就是因为他们都在试探彼此的"界限"。

这位A同学在班上喜欢调皮捣蛋，不时出手欺负同学，同学生气哇哇叫，他却不知该停手，简直就是他和妈妈互动的翻版。A同学无法规范自己的行为，弄到最后天怒人怨，老师还要为此进行家庭访问，希望能找出孩子恶作剧的原因。

当孩子说"不要"的时候，就表示大人已经触犯到孩子的界线，应该要收手了，但是妈妈继续超越他的界线、明知故犯，这会导致孩子也不能分清楚人我的界线。

孩子一起游戏的过程，也是在学习人我界线的拿捏

几个孩子在一起玩，最后常常会玩到吵架。大人看到孩子在吵，总是会喊“别再玩了”“别再打了”，然后责骂个性比较强势的一方。这样的做法只会招来强势一方的不平，认为大人偏心，每次都把错归在自己头上。

理想的做法，是让孩子自己去吵，吵到有一方哭了，大人再出面。这时候，大人要让老是哭的孩子知道应该开口向人说“不”，让他懂得捍卫自己。如果不能做到这一点，将来孩子在学校就容易被欺负。

我有一双儿女，两个小时候常在一起游戏。风相的大姐活泼好动，一玩起来就无法喊停，水相的小弟没有那么大的玩劲儿，却还是“舍命陪君子”，最后总是弟弟一忍再忍，忍到受不了只好放声大哭。我在一旁观察几次以后，就告诉姐弟俩说：“弟弟以后只要觉得自己不想玩了，就要喊停，别等到受不了才要哭；姐姐也要尊重弟弟，人家说不想玩，就是不想玩了，不能再强迫他。”姐姐一开始还是不会拿捏界限，不知道什么是“见好就收”，经过几次以后，她终于学会在弟弟喊停的时候就适可而止。

被欺负的一方也有问题

我女儿小学六年级的时候，常被班上一名男同学欺负。一般都以为欺负人的一方有问题，但是我心里很清楚，被欺负的一方也有问题，他们因为缺乏明确的“界线”，才会容易受人欺负、被人盯上。

那时，我女儿每天回家都垂头丧气，情绪十分低落。我和她慢慢聊，才知道同学经常用言语挑衅、欺负她。从此以后，我十分关心她每天在学校发生的事，同时也陪着她进行“沙盘演练”，教她在遇到状况的时候该如何反应。最重要的是，当她受到不愉快的言语攻击时，一定要当场表明自己的不悦：“请你不要这样说我，我不是这种人。”

要一个孩子说出这些话，其实需要相当大的勇气，他的勇气何来呢？勇气来自父母从小给他支持，让他勇于表达自己的“想要”与“不想要”。唯有本人勇于表达，才可能改变现状。

不适当使用退烧药的后遗症：发育迟缓、免疫疾病、皮肤病

家有小孩的父母，应该都体会过抱着高烧儿，急得六神无主、不知如何是好的经验。绝大多数父母的反应，就是赶紧到医院去用药退烧。现在有很多孩子长不大，免疫系统疾病泛滥，正是不恰当使用退烧药的结果。

发烧对人体的温度系统而言，是一个危急的转折点。各式各样的原因都可能引起孩子发烧，一个生日庆祝会，长途旅行太疲累，或是天气突然变化，甚至是掉牙，都可能造成孩子的身体过度负荷，受到病原体的影响而发烧。

动物实验已经证实，病毒和细菌在人体的体温降到32℃~35℃的时候，可以发挥最强大的伤害力。相反的，当人体温度高达39℃~40℃的时候，身体可以有效杀灭细菌病毒，并能避免它们再度繁殖而危害人体。

所以，发烧是人体对抗病原体的天然武器，而且在活化人体内在防御系统的过程中，许多重要的反应都必须借着发烧加以启动。然而，就在孩子的体温升高，准备要启动防御系统对抗外来病原体的时候，无知的大人却选择使用退烧药，硬是把孩子的体温拉下来，撤除孩子体内的天然防御力量。之所以做出这样的蠢事，只是因为大人舍不得孩子发烧，害怕孩子发

生危险。

如果大人能够认识到发烧对孩子的意义，明白它会给孩子带来哪些好处，对孩子将来的成长会发挥如何重大的力量，就不会做出这般“野蛮”的处理了。

体温烧到39℃~40℃，细菌和病毒是很难在人体内存活的。如果用退烧药把体温降下来，体内的细菌或病毒会立刻得到休养生息的空档，加倍繁殖。等到退烧药的药效一过，孩子的体温必然烧得更高，否则就无法将壮大的侵略者驱逐出去。

这就是为什么吃退烧药的孩子，总是退一阵、烧一阵，退一阵又烧一阵，反复三四天之后才会平静下来。反而是不吃退烧药的孩子，通常烧一天之后就自行退烧了。当然，这一天并不好过，小病人唯一能做的，就是向学校请假在家生病，躺在床上呻吟。即使给予中药辅助，也只能帮助孩子稍微缓解症状，温度有时甚至会烧到40℃以上。

还好，41℃以上连烧三天才可能烧出问题，何况“只是” 39℃多，家长不必过度紧张。因为第二天便会雨过天晴，孩子又生龙活虎了。

反观吃退烧药的孩子，病情拖延反复，即使烧退了，也会脸色发白、口苦口干、嘴唇脱皮、神情倦怠，而且久久都不能恢复胃口和体力。经常使用退烧药的孩子，身体的温度被迫下降，日后会更容易发烧。因为孩子的成长需要温度，温度不足，他们只好自我产热才能长大。

不让孩子发烧，
将来得肿瘤的风险增高

父母细心观察，会发现孩子如果不吃退烧药，每次病好了之后，身体会急需要补充能量，变得胃口奇佳，才一两个星期就像竹笋般的突然抽高，人也变得更聪明了。

中医有所谓的“变蒸”，指的是七岁前的孩子，每隔一段时间就会莫名发烧，这其实是在进行身心蜕变的能量转换，所以他们发烧之后就会突然长高，有如“蒸包子”一样，加点热就膨胀起来，每烧一次就长大一些。

滥用退烧药还有一个隐忧，就是可能增加将来长肿瘤的风险。虽然体温降低半度或一度，我们不会有明显的感觉，但其实身体的血液循环已经变慢，细胞的新陈代谢也变差，火力下降让身体逐渐形成沉淀物，久而久之就易形成肿瘤疾病。

有的孩子只要一感冒就发烧，这是属于阴虚火旺的体质。因为身体的阴阳失衡，水不足而火过旺，所以一感冒上火就会立刻发烧。缺水未必都是水分摄取不足造成的，如果内脏对水分的利用不佳，即使补充大量水分，也不能为身体所利用，因此必须请教中医找出水分利用不佳的原因。多数有这类问题的孩子，都是脾胃（消化系统）的运化功能不良（脾阴虚），若不能把阴虚的体质调整过来，长大以后仍然会经常发烧。

我的一个病人的孩子就是三天两头地发烧，每次一发烧，大人就紧张，忙着给他服用退烧药，结果孩子长不大，每天吃不下饭，还有口臭的问题。

小孩正值发育期，调理身体的速度比大人快，不像大人动辄要几个月时间。所以孩子如果有病痛，父母不应该为了求快，舍中医而就西医，只求治标而不治本。

孩子发烧是为了换掉得自父母的不良遗传细胞

孩子的体温在37℃~38℃的时候，体内白血球会增加两倍；烧到40℃的时候，白血球会升高到八倍。发烧的目的在于强化免疫系统，促使免疫系统进行调节，并成熟茁壮。发烧的另一个重要功能，在汰换掉得自父母的不良遗传细胞。这时候用退烧药强行降温，很可能只是吃药三天，却得用一整年发皮肤病的方式来解决问题。

经常用退烧药强行降温的后遗症还不止于此。它会损害免疫系统，使身体发生自体免疫疾病，日后罹患淋巴癌、红斑性狼疮等病变；女性在青春期使用退烧药，容易演变成痛经、月经不规律等妇科疾病。

滥用退烧药爆发皮肤病

我的门诊当中有许多皮肤病患者，追查他们的病史，可以知道他们小时候常常感冒发烧，而且都是以退烧药治疗，从此深植皮肤病的病根。

我的一位干癣小病患，就是在四个月大的时候，因为发烧而连续使用退烧药一个月，之后就爆发干癣，而且是病况十分危急的“化脓性干癣”。目前的西医都公认干癣是一辈子无法治愈的免疫疾病，才四个月大的孩子，却被医生判定一辈子都要与牛皮癣为伍，孩子的父母难过得终日以泪洗面。后来，他们把孩子送到我这里看诊，如今干癣已经治愈。

另一位干癣小病患的妈妈，对孩子照顾得无微不至，一见到孩子体温稍微升高，才不过38℃就急着用退烧药。孩子因为皮肤病来找我治疗，治疗没有多久，上半身的干癣已经退去，可是治疗当中，不巧孩子又感冒发烧，妈妈再度祭出退烧药，结果一剂下去，疹子立刻复发。

不让孩子发烧，问题只好从皮肤透发出来，以解决身体的需要。所以我治疗得皮肤病的孩子，可以看到他们的病快要痊愈前，会一次又一次地发烧，可是不会再犯皮肤病，等到烧得差不多，病也就痊愈了。

还有的人小时候吃了很多退烧药，好歹也体弱多病地长大了。成长的过程中，他们虽然小病不断，可是并没有发皮肤病，直到出了社会，因为工作过度劳累，可能只是一场感冒，就让他们的皮肤病一发不可收拾。

小儿发高烧的正确处理

有的家长反驳我说，你自己当医生，知道怎么处理，当然不必太紧张，可是我们不懂得分辨，万一让孩子烧过头，岂不是全毁了吗？我自己的女儿就曾经烧到40.7℃，我先生本身还是西医，但我们也从不给退烧药。之所以敢这么笃定，是因为我们掌握了“不烧坏脑”的重点。

发烧最怕的就是烧坏脑，只要不让热集中在头部，就可以避免烧坏脑的风险。孩子要发高烧之前，会先畏寒。当孩子感到畏寒的时候，大人赶紧用热水袋敷在他们的肚子上，热度就不会往头上冲，而会往四肢均匀散去。

当体温渐渐升高，爬上40℃时，我们只要用冷水（不能用冰水）拍打孩子的手心与脚心，把热引到四肢，孩子的体温就不会继续升高了。

最怕的是孩子半夜发烧，大人也担心得一夜不能阖眼。这时候，只要用胶带将柠檬切片贴在孩子的脚心，大人就可以安心地去睡觉。因为经过以上的适当处理，孩子过高的体温会渐渐退去。

如果能做到不用退烧药来处理发烧，小儿的发烧病程就会一次比一次短。硬是用退烧药退烧，孩子的发烧病程将一次拖得比一次长，本来两天就会退烧的，以后要拖上一个星期。

同理，处理小儿热痉挛也是如此。热痉挛就是热集中在脑部所造成，处理方法同样是用冷水拍打病儿的手心和脚心。发高烧的时候热集中在头部，手脚就会冰凉，大人用冷水拍打病儿的手心和脚心，直到孩子手脚不冰凉了，就表示热已经被疏散到四肢，危机解除了。

孩子每发烧一次，就会发展出新的特质，好像一病之后突然长大。他会开始和原来讨厌的人做朋友，从原本的害羞变得开朗，这就是发烧对孩子成长的重要意义。

缺乏情感教育的后遗症：厌世轻生

我手边有一份剪报：IQ148天才，三十岁早夭。曾经以超高智商震惊马来西亚的华裔神童张士敏，拿到美国康奈尔大学博士学位后，疑因受不了社会压力而变得自暴自弃，不说话也不进食，送医院治疗五年后，撒手人寰，年仅三十岁。

缺乏与世界的连结，让天才早夭

张士敏这个孩子早年接受智商测试，成绩高达IQ148，世界上只有2%的人拥有这样的智商。他十一岁小学毕业后就连跳数级，十三岁就读美国麻省理工学院，成为最年轻的外国大学生，也创下金氏世界纪录。他十五岁的时候考入康奈尔大学，攻读博士学位。也就是说，当其他人才刚进国中，他已经在读大学；又当其他人还在准备高中升学的时候，他已经拿到常春藤名校的博士入学资格。七年后，他拿到博士学位，却是天才梦止。因为年纪太轻，没有办法适应美国环境和工作压力，又加上周遭对他的奇特眼光，导致他心理压力过大，性格变得孤僻，后来状况恶化，他不断试图自杀，不愿说话和进食。在和心魔纠缠五年后，终于因为抢救无效，结束了传奇的一生。

奇人的厌世，可以追溯到他七至十四岁的时候。跳过了情感培养的阶段，就算是头脑再好的人，也不能没有情感而独活。过分强调智力的发展，会让身体的知觉僵化，最后把自己逼到绝境。为人父母者，与其期待孩子的智商高人一等，不如期待孩子健健康康。当天才的父母或许风光，可是身为儿女健康的父母，才是真正的福分。唯有健康快乐的孩子可以不断往前学习，这个福分至少是几代人都可以享用的。

没有人会否认莫扎特是个不世出的天才，可是天才也只活过三十五个年头就匆匆下台一鞠躬。莫扎特有个严厉的爸爸，从天才小时候就一直不断鞭策，还带着他到处表演赚钱。他让孩子直接跳过和同侪玩耍的情感培养阶段，逼迫莫扎特提前面对成人的世界。莫扎特患有妥瑞氏症，压力一上来就会学动物叫或口出秽言。他著名的歌剧《魔笛》，有一段短笛的独白，根据后人研究，就是他妥瑞氏症发作时，模仿动物叫声所写成的。

音乐家舒曼也是年纪轻轻就跳河自尽，留下爱妻克拉拉和挚爱的儿女。这些具备特殊天分的人，需要的是更多的保护和照顾，而不是提前开发他们的天赋，否则无异于“杀鸡取卵”。

【金氏世界纪录】吉尼斯世界纪录。

【妥瑞氏症】此种患童会不自主动作，包括抽搐、眨眼睛、噘嘴巴、装鬼脸、脸部扭曲、耸肩膀、摇头晃脑，及不自主出声，包括清喉咙、大叫或发类似“干”的怪声。约有50%的患者会伴有注意力缺陷过动症。

填鸭式教育的后遗症：弯腰驼背

很多上了国中的孩子开始驼背，小老头和小老太婆的模样常惹得师长在后面哇哇叫。师长越是纠正，孩子驼得越严重。这是为什么呢？

没错，正如弯腰驼背所透露的肢体语言——缺乏自信，孩子对自己的能力没有信心，因为他们从来没有自己想出一个东西，在学习上缺乏成就感。

被动的学习无法培养自信心

孩子国中以后，肉体成长的速度变缓慢，只将1/3的生命力用于肉体（物质体）的发育，这其中有一部分的能量被用来发展代谢系统，也就是消化功能。大约十六岁左右，他们的心肺功能发育完成，这就表示节奏系统已经定型。一直要到十四至二十一岁左右，人类才结合生命力与感知体的力量来发展真正的思考。这个时期半大不小的孩子，有一肚子的问题，满脑子为什么，教育应该启发孩子提出问题，同时鼓励他们去寻求解答，而不是命令孩子要这样那样，或是直接塞给他们一个制式的答案。

上过传统健康教育课的人都知道，如果今天的课程要讲解肝脏，老师多半照本宣科：“肝脏有×大功能。第一是解毒，第二是储血……”

言者谆谆，听者藐藐，学生回家又得死背活记，等到一考完试，便通通忘得一干二净。如此缺乏启发性的学习，徒增学生的负担，效果事倍功半。

华德福教育的国中教学，采取的是问答方式，而不是老师在台上独白，学生在台下被动接受。同样以讲解肝脏为例，华德福的老师会提供一个动物的肝脏作为模型，像是最近似人类肝脏的猪肝，让同学先去触摸它的感觉，闻它的气味，观察它的外形，然后让每一个学生发表自己对肝脏的感觉，并利用问题引导学生去思考。比如说，新鲜肝脏的颜色血红，腥味浓厚，这代表什么呢？（引导出：它的藏血量大。）它摸起来柔软，一捏就破，如此重要的器官怎能这么容易受伤呢？（引导出：还好它的再生能力很强。）诸如此类，透过学生用感官实际接触，让他们说出自己的感觉和推论，自由发表见解。经由一问一答，建构出学生对肝脏的认识，老师最后整合所有学生的答案，做出总结。

也就是说，答案是由孩子自己透过具象的观察，进一步感觉和思考，亲口说出来，再内化为知识。有了这一个思考活络的过程，孩子对自己寻求答案的能力萌生自信心，这份自信的能量会贯穿脊椎，使背脊挺立。

十四到二十一岁是正在发展思想的阶段，这个阶段如果未能经验过自己思考的成果，会让他们自觉一无是处。引导式的教学能刺激思考过程，因为动脑而产生的成就感就成为了贯穿脊椎的能量，孩子自然会抬头挺胸。

所以大人要时时问孩子问题，不管你认为答对或答错，都要给孩子鼓鼓掌。因为答案本来就没有绝对的对或错，可能性是无所不在的。

父母师长常会命令驼背的孩子说：“去靠墙站好！”然而驼背是孩子缺乏自信的表现，根本的矫正方法应该是鼓励其建立自信心。当孩子的思考力获得发展，知识内化为自信与成就感，这一力量就会充实脊椎，使背脊挺直。而若没有真正内化的力量，缺乏自信心的加持，孩子即使功课再好，依旧会像是枯萎的花朵般垂头丧气。

给予孩子自信的方法就是鼓励他勇于发表意见，当他的见解获得肯定，一次又一次地累积了自信心，这一力量就会使孩子昂扬。

第四章
丰乐华德福师长的话

黄奕立老师（丰乐华德福学校负责人）
吴丽美老师（丰乐华德福学校手工老师）
周俊煌老师（丰乐华德福学校国中导师）
洪世勋老师（丰乐华德福学校艺术教学老师）
陈尤莉老师（丰乐华德福托儿所老师）
许丽玲小姐（丰乐华德福学校家长 ）

丰乐华德福师长的话

黄奕立老师（丰乐华德福学校负责人）

华德福教育就是要孩子轻松学习，却能奠定高度专注的学习力，养成四肢发达、头脑充满潜力的健全自由人！

吴丽美老师（丰乐华德福学校手工老师）

小小的手工，就能丰富甚至改写孩子的生命体验。

周俊煌老师（丰乐华德福学校国中导师）

教育就是“预防医学”，良好的教育可以引领一个人走向一生的健康及自由。

洪世勋老师（丰乐华德福学校艺术教学老师）

艺术教育是华德福教育理念中最珍贵的一部分。

陈尤莉老师（丰乐华德福托儿所老师）

期待越来越多人加入华德福，和我们一同努力，让这幸福的教育长长久久。

许丽玲小姐（丰乐华德福学校家长）

孩子读华德福学校，连我缺憾的心都受到疗愈。

黄奕立老师（丰乐华德福学校负责人、学生家长）

「华德福教育就是要你“从生活入手，让学习有感觉”；轻松学习，却能奠定高度专注的学习力，养成四肢发达、头脑充满潜力的健全自由人。」

十年前，我是科技业的经理人，手下有八十多名员工。我发现，公司花了很多心血与成本培养新人，但是效益非常有限。

我也清楚记得，当年台积电董事长张忠谋在交通大学开EMBA课程，曾经提到台积电员工硕博士满堂，但是能够解决问题的人才不到5%。那时我就开始省思，我们培养了这么多优秀的高级专业人士，可是为什么就连在台积电这样顶尖的大企业里，这些硕博士解决问题的能力都这么薄弱？我们的教育究竟在哪一个环节出了问题？具备创造性的人才该如何养成？

轻松学习，却奠定高度专注的学习力

后来，我接触到华德福教育，进入它的教育哲学，深深被它丰富精彩的内容所打动，尤其是这种没有课本的教学，完全超乎我的经验理解，更叫我惊

讶。于是我离开企业界，结合多位具有共同理念的老师，为了自己的孩子，在台中地区创办了第一所华德福学校。

我的两个男孩都是“华德福出品”，老大已经进入体制内高中，老二还在念华德福学校国三。老大的启蒙教育虽然未能在华德福完成，但是国中三年的华德福教育，让他免除了体制内国中的升学压力之苦，并且在短短的三年，获得了好多宝贵的“实作”经验，包括亲手做了一把自己的胡琴。这把胡琴的共鸣器竟然是一个铁罐子，胡琴的柄和杆子是他自己用木头刨削出来的。他还为了篆刻，对大篆和小篆都做了深入研究。这孩子还能手绘各种形状的器物，并素描景物。这些无不是在华德福教育中玩出来的。拥有这么丰富的国中生活，他仍然能够毫无障碍地衔接上体制内高中，目前也在高中过着快乐的学习生活。

华德福教育的特色之一，就是“从故事中学习”。这里的老师个个都是说故事的高手，透过故事描述情境，充分吸引孩子的专注力。媒体采访了许多基测和学测成绩十分优秀的孩子， 发现他们的学习效率不在于勤补习，而是对课堂上的学习有非常高度的专注力，能够用心聆听老师的授课内容。这样的专注力，对孩子的学习相当重要，必须从小培养。

我的大儿子在华德福的教育训练下，养成了正确的学习态度，因此在衔接到体制内的高中以后，虽然忙于学校社团，学业成绩仍能轻松保持在全班前1/3程度，完全不必老爸老妈为他担心。这也是我们受益于华德福教育的众多优点之一。

手是外部的大脑，
四肢发达，
头脑一定不简单

不但如此，从华德福教育出来的两个孩子，笃信双手万能，而且非常喜欢亲自动手做，无论在编织、绘画、烘焙、雕刻、泥塑，还是机械修理等方面，他们都十分擅长，远远超出一般专长考试而疏于自我照顾生活的孩子。光是具备这样的生活技能，就足够让身为父母的人感到欣慰，但是更让我惊讶的是，孩子成长到十五六岁时，他们的思辨能力已经远远超出我的期待。究竟这些“针线活儿”“敲敲打打”和孩子思考问题的能力有什么关系呢?

华德福教育认为“手是外部的大脑”，它让低年级的孩子优游在手工、绘画、捏蜜蜡或泥塑的世界里，就是在刺激儿童脑细胞的发展。在一般心急的大人看来，这些游戏简直就是在浪费“学习时间”，但是几年以后，游戏的潜能源源不断地展现在孩子的学习表现上，让我惊艳不已。

华德福教育酝酿学习的生命力，就是要你“从生活入手，让学习有感觉”

华德福教育具有诸多特色，我尤其要举出“图像式思考”和“游戏课”，强调“从生活入手，让学习有感觉”。

我们不断让孩子透过“图像式思考”来学习，因此无论是语言或自然科教学，老师都有精彩的故事可以说，而且至少会将一个故事画在黑板上，让孩子的脑海里自然而然出现一幕幕故事的情景。我们会在故事结束后，让孩子在自己的课本上画出他印象最深刻的故事情节。有的孩子会模仿老师黑板上的画，有的孩子则是任意发挥。这种经由孩子的手亲自操做的学习模式，贯穿华德福小学六年的课程。它不但让孩子手脑并用，也丰富了小小心灵的美感。这种“图像式思考”酝酿了学习的生命力，同时也令孩子把艺术内涵融入生活。

华德福教育非常重视孩子团队互动的能力，讲求“团队学习”。我们小学一年级的孩子有散步课程，升上二年级以后，老师还会针对孩子设计各种游戏活动。这些游戏背后都有其“意图”，就是要让孩子们在游戏中产生互动，无论是攻防还是竞争，都必须透过互相支持和掩护，学习团队运作。

也就是说，我们是藉由孩子与故事、孩子与孩子、孩子与大自然的互动情境，展开各式各样的教学。

我们小学四年级的孩子还有一堂“徒手几何”的数学课，它能让孩子在没有任何圆规直尺的协助下，画出许多美丽的图形。乍看似乎是一堂美术课，其实是进入精确几何之前的暖身预备课程。我们还让孩子做披萨，表面上看，这似乎是烹饪课，但其实已经要用到数学的“几何”和“分数”概念。

家长或许不明白，华德福为什么要如此大费周章地玩这些东西？我们有位读完小学六年华德福学校之后，回到体制内国中的孩子。孩子的爸爸有一次遇见我，对我大呼不可思议。他说孩子在国中学数学，每次只要碰到几何问题，他总是拿第一。他简直无法想象，从生活操作中体悟的“数学”，竟然能够取得这么大的学习成效。

回顾这十年，办起一所体制外的学校，陪孩子一同成长，让我看到了完全不一样的教育新希望，不只是孩子，连我自己都受益匪浅。

吴丽美老师（丰乐华德福学校手工老师）

「 做手工给了孩子自信心，培养了主动分享的心量，
练就手眼协调能力，养成做事有始有终的意志力，
造就审美眼光，并引领孩子享受心性的和谐平静。
做手工有它潜移默化的巨大影响力，小小的手工，
就能丰富甚且改写孩子的生命体验。 」

在华德福教育体系中担任手工课程教师，让我亲眼见识了这一门课对孩子学习态度的深远影响。

我们知道孩童在七岁之前的主要功课，就是尽情游戏，从游戏发展想象力，养成好习惯，培养品德与意志，并强化全身的小肌肉。而从七岁前的游戏，进入到七岁以后的课堂学习，必须有一个过渡的引导，这时候发挥引导作用的，便是“做手工”。

做手工给予孩子莫大的满足，
启发智力，养成意志力，
也让孩子主动分享

开始做手工之前，我会先讲故事。棉花、木头、纸张、羊毛都有话要说，颜色也有各自精彩的故事。以说故事为开端，可以协助孩子发展出意愿和能力，

去组织、完成自己的第一件作品。

千万不要小看编织、刺绣、裁缝这些“雕虫小技”，这是在预备孩子终其一生都能有始有终的做事态度，养成他们的意志力、审美眼光与基本计算能力。

人体神经末梢的发展，直接影响头脑的发育，如果没有在儿童时期给予良好的发育刺激，将来就很难再开发。孩子一生要使用的资产，都是在小时候培育而成的。因此学龄前的孩子，要让他们尽情发展肢体，藉以发展神经系统。

我们在手工课上所使用的材料，都是取自天然。举凡纯羊毛、毛线、棉花、棉线与棉布、麻布、丝绢、竹子等，触感都十分舒适，可以让孩子透过与天然材料的频繁接触，锻炼神经末梢的反应，进而刺激头脑发育和思考，练就手眼协调能力，增强学习能力。

小朋友从做手工当中，首先能获得莫大的满足感。这个年纪便能够完成实用的作品，给了他们自信心，有信心的人就会健康。每天使用亲手制作的笔袋、笛袋，植物染的手帕等物品，可以让孩子与生活产生温暖的连结，对环境有责任感，不会滥用塑料等污染地球的材料。

透过做手工，他们学会简单的算数与几何，懂得欣赏同伴的作品，也学会互相帮忙。孩子对玩具常常有一致的喜好，你喜欢的洋娃娃，我也爱；我玩的变形金刚，你也喜欢，所以容易为了一个玩具争抢成一团。但是当玩具是自己手做的，他就会十分珍惜，乃至珍惜制作的过程，而不会发生抢夺的情况。不仅如此，他们还会彼此分享作品，将自己完成的作品送给合适的人。透过这样的分享过程，孩子的“心量”从小开展出来。有心量的人，也必定会健康快乐。

更有趣的是，先学会的孩子总是很乐意用他们的童言童语传达技巧，把受挫的同伴教会。所以最后教会孩子的，并不是老师，而是小同伴。当我看到才国小一二年级的孩子主动去教同伴，感到很惊讶。因为过去看到的，往往是孩子你争我抢，可是现在看到的，却是主动协助。这样的分享不仅限于物品，还包括自己的能力，这是非常特别的。更何况完成娃娃、动物等作品以后我们还要合演一出戏，编故事、选定角色的过程都是在学习充分合作，并发挥想象力。

不分男孩女孩，不论手巧与否，
没有一个孩子不爱做手工，
情绪障碍的孩子尤其乐在其中

随着孩子年纪愈大，手工愈复杂，需要更多的技能和耐心。一些高年级或国中才转进华德福学校的孩子，一下子无法适应手工课。一开始，我很担心新来的学生会排斥钩针、棒针、刺绣等手工。出乎我意料的是，即使是男孩子，无论学起来多么吃力，他们都

乐于学习，费尽千辛万苦也要完成自己的手工作品，没有一个孩子是排斥手工的。

还有部分被心理医生诊断为过动、注意力不集中、亚斯伯格症等情绪障碍的孩子，比起一般“正常”的孩子更喜爱手工课。我长期观察了解，并记录他们的学习过程，发现最大的改变在于他们的情绪。无论是编织，还是制作手工书，都需要耐着性子，按部就班，循序进行。孩子从如此不断重复的过程中，找到了自己一直在寻找却没有找到的某种和谐与平静。例如过动的儿童或青少年，在学习棒针的时候，因为手不够灵巧，所以需要更大的耐力，但是他们并不放弃，一做就是一两个小时以上，直到完成。我认为他们是从重复的动作当中，找到了规律性，内心进入有步骤、有秩序可循的安宁片刻。这样稳定平和的状态，是一般治疗师无法提供，或是还没有带领他们找到的。

有了这样的美妙体验，情绪障碍的孩子自然会想要继续做下去。当心灵平静的片刻开始有规律地出现，连成平静的片段，就会在脑部形成阿尔法波（α波）。修行人通过诵经、打坐，都可以让脑波停留在阿尔法波状态，寻求更长时段的身心平静。孩子不懂什么是阿尔法波，但他们的本能其实也在寻求这样的平静时刻。

当他们借着手工课程，体验了平静时刻的美好，这个美好的经验就会成为美好的模式，带领着他们挑战其他课程，例如绘画、阅读、数学等，所以手工课也是一种学习的桥梁，引导他们进入并喜欢上其他课程的学习。

我有一名国中二年级的女学生，尽管她本身的阅读能力并不低，但就是没有办法坐定下来持续阅读。以她的年纪而言，这并不是个好现象。然而，我看着她连续织了至少三四条围巾，简直是欲罢不能。织完围巾以后，她的学习力明显有了进步。这就是手工潜移默化的结果。

大人或许不明白，一个孩子打那么多围巾要做什么呢？孩子会这么热衷于手工，是因为他们想要将作品与人分享，也以此证明自己是有成就和能力的。没错，小小的手工，就能改写孩子的生命体验。

说故事，
让机械性的手工动作与孩子有了情感的连结，
既能丰富情感记忆，又能增进语言的学习

做手工一开始不免有一些机械化的动作，如果只是要求六七岁的孩子跟着老师一个口令一个动作，步骤一、步骤二地做下去，孩子很快就会“弃械投降”。

“故事”会令人入迷，所以我针对每一个班级的气质，为手工动作编故事，让每一个动作都能够与孩

子产生情感的连结，让孩子就连在穿针引线的时候，都有引人入胜的情节可以联想。这么做，不但能帮助他们记住机械性的动作，还可以丰富他们的情感，在学会手工的同时，留下美好的、柔性的情感记忆。

曾经有一名华德福国中的男同学，在语言课堂上拿出毛线编织。老师虽然认为他可能因此分心，但并未立刻制止，只是“静观其变”。没想到孩子不但把老师的课都听进去了，还能指出老师错漏的地方。这是为什么呢?

史代纳博士的教育基础理论中，认为人有“十二感官（知觉）”。十二感官当中，“语言觉”和“动觉”是互相连结的。也就是说，当你在学习语言的时候，如果身体处于动态中，那么对语言的理解、记忆和认知能力都会提高。因此，学生在上语文课的时候拿出毛线来编织，竟没有分神，反而还能指出老师的错误，就是这个缘故。

华德福的孩子在学习外文的时候，老师必定会带着做游戏，或是跳舞、唱歌、做动作，目的就是要让“语言觉”和“动觉”发生深刻的连结。所以华德福教育的孩子从小学一年级开始就学习两种外语，并且都能掌握得很好。尤其让外界惊讶的是，我们的孩子直到三年级才学习字母，也就是说，前两年的外语学习，是没有文字的。但是他们已经用身体充分去感受这些语言了，所以在还不认识字母的时候，就已经能听又会说。

华德福的外语教育是“陶冶的过程”，而时下一般的英语教育则是“训练的过程”。陶冶是有感情的，因此它会深刻，又充满了美感，和枯燥的训练是不同的。

华德福教育可以为时下受苦的老师和学生解套，让大家跳出制式教育的窠臼，建构快乐学习的世界

做华德福教育的人，在提携孩子成长的同时，也得到丰沛珍贵的回馈。我乐在其中，也很想要与人分享，扩大这种喜乐。因此我总是说，做华德福教育的人就像传教士，总是希望能有更多人听到“福音”。

我出身师范教育体系，我的同学全都是体制内的教育工作者，每当我和他们分享华德福教育的种种，他们总是惊羡连连、感动不已，甚至无法相信，摇头直说“不可能”，每次我都会斩钉截铁地告诉他们：“多少年来，我们都是这样做的。”

我这些从事教职二十多年的同学们，有一般外人无法想象的痛苦和矛盾，谁能为他们解套，跳出制式教育的窠臼，找到与孩子愉快相处的方法，又能帮助孩子乐在学习呢？我想，华德福教育正是他们所要的答案。

周俊煌老师（丰乐华德福学校国中导师）

「华德福教育又称为“迈向健康的教育”，也叫做“迈向自由的教育”。教育其实就是“预防医学”，良好的教育可以引领一个人走向一生的健康及自由。」

我六十五岁从大学退休，来到华德福中学当导师。在这之前，我在大学教了十年的人生哲学。而更早的时候，我在美国加州的硅谷工作过八年，除去这八年时间，我的职业生涯都在教育界度过。

大学退休前一年左右，我开始积极准备进入华德福学校当导师。我从学校当时最高年级的班，五年级班的下学期开始做接班的准备，从事进班观察、陪孩子登山，和导师讨论班级经营等工作。2005年夏天，我从大学退休，秋天接下这个七年级班，从七年级带到九年级。

进入华德福教育和人智学，我深深被其崭新的理念、完备的体系，在世界不同的土地与文化里继续拓展与实践中的诸多特性所吸引。世界上没有别的教育与思想体系，具有这样的特质。

史代纳博士在1919年创立第一所华德福学校，九十年来，全球已经有上千所中小学（台湾目前有五所华德福的中小学）。整体而言，它在世界各地累积了九十年的教育经验。

史代纳博士在教育的实践之前，已经开始建构人智学(Anthroposophy，人类智慧的学问）。位于瑞士的自由精神科学学院（School of Spiritual Science / Goetheanum, Dornach, Switzerland），是史代纳世界人智学研究与实践的中心。中心有十个部门，分别是青少年、数学与天文、医药、自然科学、教育、艺术、农耕、优律思美语言戏剧与音乐、文学与人文、社会科学。

华德福教育又称为“迈向健康的教育”，也叫做“迈向自由的教育”，它主张教育其实就是“预防医学”，良好的教育可以引领一个人走向一生的健康及自由。

如果把教育比喻为百年树人的工作，那么教师就好比园丁，每一个学生好比一棵植物，他们可能是苹果、松树、向日葵……园丁适材适性适时地提供不同植物该有的滋养，绝对不可揠苗助长。

孩子都爱华德福，最大的阻力反而是来自家长

我带领的华德福国中班，前后一共有二十位学生。由于经费和适当的教师难得等因素，我的班每年都是混龄班。这一班七年级的时候，有一位九年级的

同学随班附读，在2006年夏天毕业。这一班八年级的时候，有四位九年级的同学随班附读，都在2007年夏天毕业。这一班九年级的时候，有六位九年级同学，还有四位八年级的同学随班附读，而这六位九年级的同学在2008年夏天毕业。

以这一班的九年级下学期为例。学期开始，我们班接收了一位从加拿大回台湾，只认得几十个中文字的八年级生；九年级毕业前十一周，接收了从香港来的两位英国国籍的九年级游学生。也就是说，这个班有时会有不同状况的新生加入，但是学生们的学习并没有因而受到干扰，反而因为新生命的加入，激发了班上同学更丰富的生命体验和国际观。

我这个班对生命和世界的接纳能力，能够随时欢迎来自国外的华德福教师进班观察或上课。接受生命教育中心、赛斯学院或校外的科任老师来讲课，也能够给予学生良性的刺激，增益不同的生命经验。

我们学生最大的不同，就是他们都能健康快乐地学习，不但不排斥考试，而且还喜欢适当的考试。尽管教育当局都强调，我们的教育是“德、智、体、群、美”五育并重的教育，但是不可讳言的，体制内的教育太过偏“智”育。而华德福教育是真正实践“全人教育”，所以孩子的学习是均衡而快乐的，有时阻力或乱流反而是来自家长。有的家长难免担心，这么轻松快乐地学习，如何与其他学子在“基测”中竞争？我必须承认，我无法面面顾到家长所有的要求，只有认同全人教育理念的家长，才能安心地把孩子交托给华德福教育。

史代纳博士认为，人类具有“十二感官知觉”，这种认识在华德福教育非常重要。所谓“十二感官知觉”，分别是触觉、动觉、生命觉、平衡觉（触动生平，与人的意志或毅力有关）、视觉、嗅觉、味觉、温度觉（见闻味温，与情感有关）、听觉、语言觉、思想觉、自我觉（听说想我，与思想有关）。我们的教育要能充分活用这十二知觉，并且满足这十二知觉。像是身为老师，本身就要符合学生对“温度觉”的需求，具备身而为人的“温暖感”，能够给予学生温暖与信任。

教育的实践是一个生命成长的过程，也是学生、家长和教师共同学习与成长的过程，它同时还是一个开放与充满可能性的过程。华德福教育的理念与实践，将引领学生、家长和教师迈向生命的健康与自由，愿这一教育能广及世界，成为所有人之福。

洪世勋老师（丰乐华德福艺术教学老师）

「教育是开启“人”朝向“自我意识”成长和发展的学习过程。而华德福教育理念，则更具体藉由“艺术”贯穿整体教学课程。透过艺术，不仅能启发孩子的创造力，提高其内在的稳定性，更能助其养成观察力、直觉力、审美观、意志力与自信心。可以说，艺术教育是华德福教育理念中最珍贵的一部分。」

教育的艺术，是开启“人”朝向“自我意识”成长和发展的学习过程。而华德福教育理念，则更具体藉由“艺术”贯穿整体教学课程，塑造与滋养着孩子的身体（body）、心灵（soul）、灵性（spirit），同时建构其包括观察力、感受力、意志力、审美观与自信心等在内的内在层面，让孩子充分展现生命独特的创造能力。可以说，艺术教育是华德福教育理念中最珍贵的一部分。

“有感觉（feeling）”才有艺术

自幼儿阶段开始，华德福教育便以童话故事滋养着孩子的心灵，然后配合孩子的年龄与意识发展，逐步引领孩子塑造内在的“图像”。这些“图像”是以形线画、湿水彩、塑形、手工等艺术方式呈现的，而就在孩子从事这些艺术活动的同时，这些艺术活动也以意志（willing）、情感（feeling）、思考（thinking）等节奏，促进着孩子的身体与心灵发展。因此，华德福教育在孩子九岁以前的引导方式，总是从身体开始，透过四肢的触觉和身体律动，建构脑部，让孩子在学习过程中能有充足的吸入与呼出，直到他们的身体和意识发展都准备好。

我们带领孩子从形线画（form drawing）到写字，从形线画到湿水彩（Water color painting），都和身体的律动（movement）结合在一起，让这些内在的节奏（rhythm）逐渐和谐。小学一年级的课程，先让孩子对手和身体的发展做好准备，到了二年级渐渐加入一些技巧。画湿水彩的目的，就是要让孩子透过感官，经验最接近色彩本质的艺术活动。此外，湿水彩也能促进孩子的感官和身体发展，提升他们的观察力、敏锐度及感觉（情感）能力。因此，我们称华德福教育的艺术性活动为“培养孩子全面性发展的活动”，一点都不为过。

坊间的绘画十分重视或强调技巧性的学习，但是在我看来，内在情感层面的“感觉”（feeling）能力，才是艺术表现最难的部分。孩子如果缺乏“感觉”，他们拿起画笔时，没有参考或模仿的图像，便不知道该画些什么；面对空白的画纸，也不知该如何下笔才好。纵然习得表相上的技巧，若缺少了对画作的“感觉”与对艺术的喜爱，作品通常就只是项作业，或模仿而来的形式。

在华德福学校里，我们会选定一则故事作为表现的主题，依照各年龄孩子的发展，以各种神话、传说故事为引导，让孩子从故事情境中产生“图像”。当这样的“图像”形成，“感觉”也就萌发了，于是每一位孩子都有能力表现自己丰富的想象世界，也都会满意且懂得欣赏自己和别人的作品。

这样的练习，必须是在每周固定的时段，从经验色彩逐步引发孩子对绘画情境的呈现，由纯净的原色表现天空、大海、青山、森林，然后开始经验色彩更丰富的黎明和黄昏。技法则是配合年龄与故事主题，表现更多元且丰富的细节。透过艺术作品的呈现，孩子们彼此都知道这是谁的作品，因为作品中散发着主人的气质、性情和当下状态。而教师也会随着与孩子相处时间的与日俱增，发展出观察和了解孩子的能力。

整体而言，技法都是可以训练的，至于应该在什么时机给予引导，就必须视孩子的发展而定。更高阶技法如素描、透视、立体及构成等等，待孩子的意识发展与建构都准备好了，他们将很容易掌握，且坊间已有大量的信息可供学习和参考，唯有内在的“感觉”是无法被模仿或快速启发的。当孩子经历低年级的湿水彩练习，进入高年级的素描、塑形，学会了如何充分运用感官的体验时，就能够把这些“感觉”透过各种形式表现出来。这样的艺术陶冶方式，会成为孩子意识中的一颗种子，伴随着他们终生受用。

是“感觉”被扼杀，
而不是没有艺术细胞

在我当导师的带班经验里，从二年级至五年级，班上每年都会有新加入的孩子。如果是在三年级以前，他们通常只要二至三个月的时间熟悉适应，便能跟上同侪。而如果是小学四年级以后，由于孩子的自我意识已经启蒙，中途加入我们的绘画课，则至少需要一个学期，甚至一年的时间持续地适应及调整。

这是因为我们的孩子在一到三年级的每周练习中，对色彩的感觉、图像的构成、水分的掌握、画纸上调色等技巧，已经历长期且持续的内化过程。而最大的问题，还是在于这些十岁后自我意识已萌芽的孩子，长期处于“智力训练”的学习模式下，除了不熟悉自己的能力外，也缺乏对自己有能力完成作品的信心。在没有提供可参考图案的状况下，他们往往不知道该如何表达。这样的情形，随着孩子年龄越大越容易显现，多数的成人通常也是如此。

我遇过许多家长，提及绘画，他们通常会先担

心过多或缺乏信心，就是觉得自己总是画不好，怕被嘲笑，继之又勾起他们许多学习过程不愉快的经验，因此多数人对绘画早已放弃，某些人则始终逃避。然而，我深信绘画与其他的艺术一样，始终是人类与生俱来的能力之一，只是在过去的学习过程中，被不适当的教学形式扼杀了。如果带着这样的阴影去学习，我们又如何期待或要求孩子喜欢这门课呢？我听过最有趣的回应是：我们家族没有这方面的遗传，所以我不会，我的孩子也不会。

华德福的艺术活动，为孩子的意志、情感与智力学习做好全面性的引导工作

艺术活动在华德福教育中，扮演着全面性的整合角色。这话怎么说呢？举例而言，从一年级开始，形线画就是作为进入书写的预备，也是进入数学和几何的途径；到了四年级，形线画便和徒手几何连结，让孩子从中发现几何与数学本质层面的美感，更进一步体验其整体与自然界的秩序关系。

同样的，形线画也呈现于孩子的工作本、湿水彩作品中。到了高年级，则配合其他艺术课程转化为泥塑、几何构成、手工编织、木工及金工等作品的图样。因此，孩子从体验中发展出很美的形线画作品，

同样的美感经验也会表现在其他形式的艺术创作上。

塑形和手工活动，在华德福学校也是相当重要的课程。从幼儿园便开始的蜂蜜蜡塑形，持续塑造着孩子的内在发育，并培养了孩子的意志力。到了一年级，配合孩子手指肌肉的发展，则以童话和自然故事为主题，让孩子进一步练习故事中主角的形象、姿态，与完成度越来越提升的作品。通常孩子在二年级时，已经熟悉蜂蜜蜡的质材，以前要花三十分钟才能完成一两个主角，现在用同样的时间，已能加入故事环境的呈现。

而塑形练习和形线画、湿水彩同样对孩子的感官，特别是视觉和触觉，以及内在空间感、方向性、立体感的建构，有着相当大的帮助。身体发展不完全或有情绪障碍的孩子，需要更多的时间完成作品，而且他们在塑形过程中也需要额外的协助。例如，他们无法表现立体感，作品总是平面的；再者，他们的手指发展无法表现细节。在塑形过程中，我们引导孩子由整体长出部分的方式，也是令这些孩子感到最困难的。因为蜂蜜蜡的特性无法用接合方式制作，失去温度后，蜂蜜蜡很快就会变硬而脱落。

而在所有孩子都熟悉塑形的方法后，到了四年级，孩子的手指发展趋近成熟，就能开始进行泥塑练习。泥塑使用的陶土，需要敏锐的触觉去感受温度及控制水分，因此对许多发展未完成或较慢的孩子来说，会是十分困难的挑战。四年级的泥塑，主要进行各种动物姿态的练习，然后进入诸神、人与植物的主题。一开始总会有孩子表示牛、马、狮子等动物很难完成，直到开始做人形泥塑后，大家一致的结论都是：做人好难喔！

曾有家长以坊间画室的标准，质疑华德福学校的绘画、泥塑课缺乏技巧性的指导，这其实是对我们不够了解。我们的技法是随着年级逐年加入的，从形线画、蜂蜜蜡塑形，到高年级进阶的湿水彩和泥塑。我几次带着家长实际动手体验之后，家长才发现——真是不容易！

别忘了，华德福的艺术课程还有书法、水墨及素描，这些我们都还没有机会和家长实际分享呢！是的，如果要在有限时间内、限定的主题下完成特定技法的作品，就必须展现出意志力与图像想象力才行。对我来说，孩子们都拥有个人对艺术作品独特的感觉与审美观点，每一件作品都是独一无二也无法重来的创意展现。因此，未来欣赏孩子的作品时，也请大家给予最高的赞美和鼓励。

双手产出的作品，
对中途加入的孩子而言都是困难的，
反映出孩子的内在状态与意识发展，
都未达到同龄的程度；

而这个年龄尚未开展的“智力”，
却是生硬地超前

我看过中途加入的孩子，除了无法表达之外，对自己做出来的东西也都不满意。整体而言，他们并不珍惜自己的作品。在绘画作品方面，新加入的孩子普遍无法掌握光影、色彩层次、丰富构图与空间感；玩泥塑时，则无法做出立体的动物或人形。他们扁平的作品需要相当长时间的蜕变，才能调整成立体。基本上，透过双手产出的作品，对他们而言都是困难的，这些反映出孩子的内在状态与意识发展，都未达到同龄的程度，而这个年龄尚未开展的“智力”，却是生硬地超前。

我也发现，四年级以后才加入华德福的孩子，因为自我意识及心智各方面已经逐渐形成，他们会比较在意旁人的眼光。虽然对自己的作品也会产生一定的期待和要求，但是他们通常因为较少动手做事，许多练习总让他们陷入挫折，包括徒手几何、泥塑及手工等都是如此。他们难以融入同侪，也需要加倍努力或以额外的课余时间练习。华德福教育中诸多的艺术课程，其感受式的创作模式及图像的形成，尤其令他们感到挫折。

事实上，光是要孩子在画纸上纯净地表现出色彩就相当不容易。有机会让四年级以上的孩子，尝试以红、黄、蓝三原色在纸上绘出十色彩虹或色环，便能知道孩子目前的状态了。

我们的孩子有敏锐的观察力和独立的审美观，他们将带着这些深植于内在的幼苗，开创属于自己的丰富未来

近两年，我有缘与一些小学二三年级以后才转进来的孩子接触，陪伴他们进行课后大约四十分钟的额外教学（Extra Lesson）。他们都是在蜂蜜蜡的塑形、形线画，及课本制作上遭遇困难；而更大的孩子，包括四年级至国二的同学，多数是对素描、书法、泥塑、形线画和徒手几何感到困难。

于是我从头带领他们由故事进入，先练习绘画和形线画，进而塑形或做手工，协助他们对故事产生“感觉”，再透过艺术活动将这些感觉呈现出来。一次一个故事、一个主题，从单独的主角到丰富的角色，这些都需要相当长时间的耐心培养。学习的过程中，可以见到孩子内在的稳定性提高，也逐渐建立起自信心和对课程的学习兴趣。

华德福艺术课程的另一大特点，是能充分培养孩子的观察力与敏锐度。经年累月的练习，让敏锐的观察力内化为自然的直觉，加上独特的审美观、情感上的感受力，以及个人创意的发挥，这些都是任何人

或方式无法仿效的。无论孩子未来是否朝艺术领域发展，他们内在都已具备最有价值的资产。因为不管从事科学或人文发展，敏锐的观察力、直觉力和创造力势必都会成为不可或缺的优势。他们将带着这些深植于内在持续灌溉的幼苗，开创属于自己的丰富未来。

陈尤莉老师（丰乐华德福托儿所老师）

「每一天，我们在晨颂中清醒，与孩子在游戏中工作，在工作游戏中学习。孩子与我和着窗外的风声唱着歌，他们的轻声细语是配乐，迎接每一天的来临，又从动人心弦的故事展开一天的惊奇冒险。」

感谢林玉珠老师，九年前引领我进入鲁道夫•史代纳的教育圣殿。在华德福的教室里，我看到每一位家长在孩子成长过程中付出的用心以及努力，让每一个小灵魂绽放出原有的光彩。他们让我深受感动，也更加坚定信念，心无旁骛地一路往前。

我们从动人心弦的故事展开一天的惊奇冒险

在我个人学习幼教的经验中，华德福教育是一个未曾接触过的陌生名词。但是就在代班之初，却感到一切都是那么的熟悉自然。每一天，我们在晨颂中清醒，与孩子在游戏中工作，在工作游戏中学习。孩子与我和着窗外的风声唱着歌，他们的轻声细语是配乐，迎接每一天的来临，又从动人心弦的故事展开一天的惊奇冒险。

这天，一个圆润可爱、嘟着小嘴的男孩，紧紧跟着母亲进了教室。他使劲拉着妈妈的手，眼睛定定看着教室柜子上的宝贝。妈妈告诉他："和小朋友玩木头很好玩喔，赶快去吧！"小男生摇着头说："不要！"然后躲到妈妈的背后。这时，一个绑着小马尾、穿着点点裙的小女孩靠过来，像是担心被别人听见似的，两手圈着嘴巴，侧着头对小男生说："等睡觉起来以后，有布偶戏可以看喔！"然后牵起小男孩的手："来，我们先玩宝贝。把贝壳和松果叠高高，可以帮小蜜蜂找到回家的路。"

小男孩拉了拉妈妈的衣服，仰头看着妈妈，张开双手，正想要妈妈抱抱的时候，另一名身上围着花布、手里拿着毛线鸭鸭的女孩说："看，我穿着和我妈妈一样的衣服喔！想妈妈的时候，可以想在心里面，会很长大喔！很长大的人才有办法呢！而且一到下课，妈妈就会来接我了！"

旁边一个专注在铺设石头迷宫的男孩，也接着说："我喜欢你，你喜欢我，我们喜欢每一个人。我们一起去爬树、走迷宫，好不好？"

小男孩问妈妈："我可以爬树吗？"妈妈微笑点点头，用力地抱抱小男孩，告诉他说："可以，爬树是很棒的游戏喔！"又说："想我的时候，也可以想在心里面呀，等你下课，妈妈就会来了喔！"

她对小男孩说再见，小男孩也对妈妈说再见。

每天的故事都会有新的主角出现，他们可能在蜂蜜蜡的雕塑中，在烹饪课揉的面团里，在水彩画的画布上，在布偶戏的剧情转折处，新的故事情节不断延续下去，而且发展出更多属于他们自己的生命故事。

与家长分享的点滴，
和家长后来给我的回馈，
都支持我从内在提升出力量

从一位伟大母亲慧芳老师的身上，我见证到新生命来到这个世界，是可以那样的自然而且安祥，在宁静中充满喜悦。居家生产的她，就在那一天，挺着即将临盆的大肚子，坐在床上，指挥着我们把粉的、蓝的棉布围绕在四周和天花板，又将灯笼吊挂在中间。微亮的灯光透过灯笼，温暖了整个房间，宛如在教室般。又在角落的桌上摆了一盆采自花圃里、开得正茂盛的不知名小花。

待一切就绪后，她自床边随手拿起一本书，吟咏着："进入我的意志，慢慢流溢出力量；进入我的情感，慢慢奔流出温暖；进入我的思想，慢慢闪耀着亮光。尔后我可以哺育这个孩童，以受过启蒙的目标，用心中之爱来关怀，让智慧进入所有事物。"

她做好了一切准备，觉醒而有毅力地迎接新生命的到来。而我从这些年的生命经验累积，也迎接了自我而来的新生命。现在，我是一个两岁小孩的母

亲，终于可以体验每一个为人父母者的不安及期待，在内心里交战着、拉锯着。即使是孩子日常中的小疑问，像是不爱吃青菜，该如何让他安定入睡等，这些我以往与彷徨无助的家长所分享的点滴，和家长后来给我的回馈，都支持我从内在提升出力量。而家人、妈妈、先生的帮助，使我在身为母亲的过程中更为笃定，也能够信任以往所学，并在华德福教育社群中进入全新的学习和努力阶段。我领悟到，教育其实就是“爱”与“榜样”。

当初一起受师资训练的同学们，像于玲老师、郁英妈妈、士源爸爸，他们一直在大力推广华德福教育；还有始终陪着孩子们成长而未曾离开过的开妈妈、许姿妙医师、陈俊峰医师、黄奕立老师，他们为了让更多人认识这幸福的教育，努力耕耘不辍；更有那默默支持华德福的许多不知名家长，都让我深深感动。我也深切地期待越来越多人加入，和我们一同努力，让这幸福的教育长长久久。

许丽玲小姐（丰乐华德福学校家长）

「我知道我要的是一个身心灵都能健康快乐长大的孩子，不是肩上担着忧虑与压力的孩子。我更清楚，教育不是一朝一夕的事情。家长需要无比的耐心坚持，等待我们所种下的小苗发芽。看看你的孩子，看看他们脸颊上那抹天真的笑容，你就会知道自己想要给他们什么。」

好友经常笑说我的一生像是一部电影！夜深人静时，细细回想自己过去的点滴，想了都会有些淡淡的愁怅。庆幸的是这些年的转变，让自己已经能有豁然的心情去看待这一切，去珍惜每个曾经的脚步，不论是深是浅的印记，或正或斜的足迹，是昂首阔步，亦或是跌跌撞撞的脚步，那都是我的回忆。现在想起，有时仍会留下眼泪，但我知道那是好的眼泪，因为泪水已化作欢笑与幸福，而这一切都要感恩，从我认识了许姿妙医师开始。

自己的成长过程伤痕累累，
也让我的孩子胆怯畏缩，
失去该有的天真

爸爸是会对妈妈暴力相向的人，孩童时候的我就是在这样的惊恐和暴力，在父亲的怒骂声和母亲的哭泣声中长大的。记忆中的妈妈长年忍受心理与肉体创伤，终于有一天，她再也忍受不住而离家出走，很久没有再回来。从那天起，我知道自己必须要长大了。

从小就翘家的我，几度想放弃自己、结束生命，但心中某个声音又告诉自己不可以放弃。我一度很茫然，惊觉天地之大竟无我容身之处，我是这么样地渴望“爱”，无论是亲情、爱情、友情……我没有读太多书，很小就出外打拼。或许是因为很清楚自己只能靠一己之力开创人生，我知道唯有努力工作赚钱，才不会被别人看不起。我也知道自己必须要打拼才会有好的将来。没有安全感的我，或许是藉由事业上的成就来武装自己，借着获得别人的肯定来告诉自己“我很棒”！

我的工作能力很强，外表亮丽而开朗，在外人眼中是时代的新女性。但唯有自己知道，我的内心空虚而贫乏，渴望爱的拥抱。也因此，我对“爱”一直寻寻觅觅，错遇了许多不适合的人，对自己造成了一次又一次的伤害。

或许是太渴望父爱，渴望安定，我甚至和一名“暴力男”交往了七八年之久。这期间，他时常对我饱以老拳，而我虽然害怕肢体暴力，却更害怕失去爱情，害怕孤单。于是在他事后一次又一次的道歉声中，妥协心软，人生也落入一再重演的恶性循环。我曾回想，是否当时我将父母亲的相处模式合理化地投射，并且框在自己身上，所以我也用无尽的忍耐去响应他愈演愈烈的全武行。即使所有身边的好友都对我投以不可置信与不解的眼光，不断劝我跳脱，我却仍自虐般的无法自拔，陷入泥沼。

在打拼事业跟寻求真爱的同时，我的儿子还只是一个刚会走路的小娃儿。由于工作和种种现实因素，我将孩子交由我的母亲照顾，自己并没有太多的时间和他相处。初为人母，也还不知道如何照顾孩子，甚至不知如何和他相处。有时候看到他，会对他开心地又搂又亲，但是自己情绪不好，或是求好心切时，又会对他苛酷严厉。“母爱”是天性，但是我知道自己当时的教养方式不恰当，让渐渐长大的儿子非常胆怯和内向，缺乏自信和一般孩子该有的天真。这让我迷惘了，不知该如何去教育他才能给他最好的。

只因为我爱我的孩子，希望他快乐，
所以独排众议，送他进入华德福学校

在这期间，因为一些环境的变化，也或许是长年心灵的创伤不断累积，我遭逢了忧郁症的侵袭。许医师就像是位良善的心灵导师，让我吸收并导正了许多想法与观念。在这同时，我也决定让孩子接受华德福

教育。因为我爱他，自然不希望他成为一个不快乐的孩子，所以我独排众议，送孩子进入华德福学校。

刚开始，我的母亲反对，儿子的爸爸也不赞成，我是偷偷让孩子去上学的。表面上，大家只看到他不像一般的小孩身着制服、早早起床赶着上学，似乎也没有其他孩子的功课压力。“这样像是上学吗？”他们问我。我其实也和家人一样担心，害怕他将来会没有所谓的“竞争力”。每学期只要到期末，我的心就会被家人动摇，想要把孩子转到体制内学校，毕竟这是台湾，我们都是在这样保守封闭的教育体制下成长的。我也和所有的家长一样，害怕我的孩子没有竞争力，几度想放弃华德福，但我知道我要的是一个身心灵都能健康快乐长大的孩子，不是肩上担着忧虑与压力的孩子。我更清楚，教育不是一朝一夕的事情。家长需要无比的耐心坚持，等待我们所种下的小苗发芽。没有任何事情是一蹴可及的，不是吗？我很庆幸自己在许医师的提醒之下坚持了下来。

我更清楚相信，让孩子自由的发展、成长有多重要。坊间的教育讲究速成，有怎样的“输入”，就要有符合期待值的“输出”，要的是那种“1 + 1= 2”的结果。这不是华德福教育的目的。

坚持了多年，我看到改变，看到了孩子的性格不一样了，从怯生生到自信，从缺乏耐性容易放弃到稳定坚持，不仅是家人，连周遭的朋友都很诧异儿子的成长。我知道我的坚持和选择是对的。或许很多人会觉得接受这种教育系统的孩子会缺乏抗压性，但试问，是否真的让孩子去吃苦，一路碰撞跌倒、伤害自己，才会有所谓的抗压性呢?

爱的需求被满足的孩子，
身心灵都能健全发展，
当他们遇到问题，不会是放弃，
而是知道如何去面对和解决，
像是柔软有韧性的柳枝，
而非一折即断的硬枝

像我自己一向是友人眼中打不死的蟑螂，抗压性极高，表面上或许是如此，然而一旦发生重大事件（或许是事业，或许是感情……），却是情绪崩溃得一发不可收拾，经历了三次忧郁症的煎熬。所以我了解到学历不等于未来的能力，如果孩子爱的需求被满足，身心灵就都能健全发展，当他们遇到问题，就不会放弃，不会逃避和退缩，而会知道如何去面对、去解决，会像是柔软有韧性的柳枝，而非一折即断的硬枝。

以前孩子在体制内学校，人际互动不佳，同侪间的相处并不是他所能应付的。但是在华德福学校，每个孩子都是被尊重的独立个体，彼此扶持，这造就了同学之间手足般的情感与凝聚力。儿子的转变让我满足和欣慰，进而也回馈到我自己的心情与个性上。或许就是这样的良性循环，让我知道该如何和孩子互动沟通，也让家庭气氛和睦亲密。现在，我们情感更加紧密，也更珍惜相聚相处的时光。

孩子读华德福学校，
连我缺憾的心都得到疗愈

我们是单亲家庭，儿子缺乏父亲的陪伴，还好在学校中，老师的爱心、耐性，让我的孩子在父爱这部分被满足了，真的很感谢老师。在儿子的成长过程中，我也因为参与华德福学校的活动，而逐渐受到潜移默化的影响，得到爱的滋养。我开始学习如何恰当地和女儿相处，陪伴她经历所有成长的点滴。我发现孩子的行为就像是一面镜子，反照出父母的言语习惯和行为模式。古人所说的“以身作则”“言教”“身教”真的非常重要。

很开心的是，我的宝贝小公主今年也即将进入一个新的阶段，成为丰乐华德福学校的小小新鲜人。从家人原本的极力反对，到现在的支持，女儿终于可以光明正大地上学去了。我很放心地将女儿再次交到丰乐华德福学校，我知道她将会是个真正健康快乐成长的孩子。

在这里，我要非常感恩，感谢许医师在各方面对

我的教导，及所有的帮助与分享。也谢谢许医师的看重，让我有机会在这里和大家分享我的感动。我更要鼓励各位家长，让孩子在被尊重的环境下成长，勇敢地做出你的选择。回头看看你的孩子，看看他们脸颊上那抹天真的笑容，你就会知道自己想要给他们什么。人生本就是一连串选择的结果，选择华德福教育，就是帮孩子选择了一把通往幸福国度的钥匙。

后记

对华德福教育的无尽感谢

我真的很感谢世界上有华德福这么美好的教育方式，是它让我亲眼见证了孩子在这一教育方式下的快乐成长，明显和在体制内教育的学习有所区别。

我为什么让女儿进入华德福学校

很多朋友问我，你和先生都是医生，应该是很会读书的人，为什么把孩子送到华德福这样似乎“不怎么热衷读书”的学校?

我个人从小在体制内的求学过程中，学校的课业压力并未对我造成太大的困扰，读书也并非太了不得的难事，可是我总认为，生命当中除了读书考试之外，还有其他多彩多姿的丰富内涵值得追求。即使不在传统的填鸭式教育和密集的考试训练下，必定还有其他可以把书读好的方法，能够让孩子在顾及课业之余，还可以将生命过得更丰富而宽广。这就是我选择华德福教育的初衷。

我的女儿读国小一年级的时候，台中地区还没有华德福学校，所以女儿进入体制内的小学就读一年级。我仍然清楚记得，就在这一年当中，女儿经常写功课写到睡着，所以在我给老师的联络簿上，最常出现的就是：女儿写功课写到睡着了，所以功课没写完。就这样，孩子三天两头带着未写完的功课去学校。但是这并不代表我的孩子有学习迟缓的问题。相反的，从华德福教育的观点来看，大人实在不应该给六岁的孩子布置这么繁重的功课。

后来台中成立了第一所华德福小学，女儿进去以后，重新又读了小学一年级。从此，她就在丰乐华德福学校安定下来，九年当中，天天都在欢乐而温暖的气氛里学习，自我意识也逐渐萌芽。

正确的教育，让孩子自发又自律，并且充满了积极参与世界的热情

对于这个宝贝女儿，我们从来不冀望她考上所谓的“明星学校”，然而就在国中二年级升国三的时候，她知道自己要开始认真准备基测（当时台湾尚未有华德福高中，所以必须和体制内的高中接轨），于

是自发性地进入“备战状态”。她向我宣示自己的决心，并且将她的手提电脑交给我代为保管，说她明年考完基测前，都不会再使用计算机。从那一天起，她早上五点起床读书，晚上九点准时上床睡觉，如此规律而自律的生活持续了一整年。

由此可以看出，这孩子不需要父母师长的提醒，便决心要自动面对基测的压力，并且用她在华德福学校发展出来的强大意志力，坚持苦读不辍。华德福学校并不像许多讲求升学的学校一样，不断对学生进行考试训练，可是女儿的基测成绩赢过了70%的考生，在我看来，已经十分难得。

很多人担心，在学风自由的华德福学校受了九年的熏陶以后，孩子还能够适应体制内高中的学习吗？面对考试，他们会有竞争力吗？至少，我在就读高中的女儿身上，没有看到不适应的冲突，反而更突显了九年华德福教育的可贵优势。

例如，上了体制内高中之后，女儿常说：“奇怪，老师在课堂上问问题，为什么都没有人要回答？”她于是就成为那个自告奋勇举手回答的人；上游泳课的时候，班上四十四名学生，有三十八名不会游泳，女儿是仅有的、会游泳的四名学生当中的一名；学校举办英语说故事比赛，她主动报名参加；学校要办老师的画像比赛，她也当仁不让，自动报名；老师常常开很多书单要学生看，但没有说何时考试，结果出其不意地突击测验，把同学考得落花流水，我女儿却能轻松拿高分，因为她已经养成自动学习的习惯，而不是为考试才读书。诸如此类，女儿在各方面都展现了积极参与世界的热情，我们的担忧，似乎显得多余了。

华德福的孩子从小快乐慢学，却后劲十足。丰乐华德福的孩子，将来或许不会个个成为博士，但我可以确定的是，他们会是各行各业的达人。他们可能成为宠物店的主人，也许是脚踏车店的老板，也或许是声乐家或优秀的演员、医生。他们的意识因为发展健全而清醒，在国中二年级的时候，就已清楚知道自己未来要做什么。

美好的教育和观念，
要趁早落实在幼儿阶段

我曾经问过好几个明星高中的学生，将来进大学想要读什么科系？很多人都答不上来。原来，孩子在猛K书的成长过程中，已经完全失去自我认识，也不明白自己的潜力何在。这就是为什么我要一再地感谢丰乐华德学校的老师，在孩子成长与蜕变的过程中，给予最有智慧的支持，用他们的生命力指导我们的孩子，丰富我们的孩子，滋养我们的孩子。也要感谢丰乐华德福学校的家长，在学校各个阶段的转变过程中，默默地付出与耕耘。